Yvonne Wagner

So gelingen Bildungs- und Lerngeschichten

in Kita und Krippe

Verlag an der Ruhr

Impressum

Titel
So gelingen Bildungs- und Lerngeschichten in Kita und Krippe
Praxisbeispiele, Vorlagen, Formulierungshilfen

Autorin
Yvonne Wagner

Fotos
siehe Bildnachweis auf S. 72

Illustrationen
Icons Kopiervorlage, Beispiel, Negativbeispiel: © Judith Tüch;
ansonsten soweit nicht anders vermerkt: © rudut2015 – Fotolia.com

Gestaltung, Layout und Satz
ebene N, Mülheim an der Ruhr

Druck
AZ Druck und Datentechnik GmbH, Kempten, DE

Verlag an der Ruhr
Mülheim an der Ruhr
www.verlagruhr.de

Geeignet für Kinder von 0–6 Jahren

ISBN 978-3-8346-3677-5

Inhalt

Kopiervorlage   Beispiel   Negativbeispiel

Einführung

Liebe Leserinnen und Leser,*

mithilfe meines Buches „Bildungs- und Lerngeschichten schreiben leicht gemacht“ (s.u.) haben bereits viele von Ihnen geübt, Lerngeschichten für Kinder zu formulieren. Damit Sie es nun noch leichter haben, individuelle Portfolioseiten für Kinder zu gestalten, ob es Lerngeschichten sind oder sogenannte „Ich-Seiten“, habe ich **das Wichtigste in Kurzform** zusammengefasst. Sie finden in diesem Buch daher viele **Beispiele, Kopiervorlagen, Checklisten und Kurzanleitungen**.

Portfolios als Dokumentationsform bieten die Möglichkeit, Kindern näherzukommen und mit ihnen gemeinsam ihre Entwicklung zu verfolgen. Auch wenn es mühsam klingt, ist der Umgang damit gar nicht so aufwändig. Je mehr und länger Sie sich damit befassen, desto einfacher wird es dann auch. Machen Sie sich frei von Zwängen und wenden Sie sich den Kindern zu. Ein **Portfolio ist so individuell** wie die Kinder und ihre Erzieherinnen. Auch wenn es Richtlinien zur Erstellung und zum Umgang mit Portfolios, Lerngeschichten und Briefen an die Kinder gibt, ist es am wichtigsten, dass Sie sich überhaupt darauf einlassen und den Kindern **aufmerksam und fürsorglich**, sprich achtsam, begegnen.

Auch in diesem Buch finden Sie nicht immer Beispiele, die dem klassischen Lerngeschichten-Konzept genau nach Vorgabe folgen. Denn **Konzepte** müssen sich immer wieder **an der Realität messen** lassen. Scheuen Sie sich also nicht, das Konzept „Lerngeschichte“ aus Ihrem Kita-Alltag heraus mit Leben zu füllen.

Ich wünsche Ihnen nun gutes Gelingen und viel Freude beim Beobachten und Dokumentieren der wunderbaren Lernerlebnisse „Ihrer“ Kinder! Über Rückmeldungen und Kontaktaufnahmen freue ich mich sehr!
Sie erreichen mich über meine Website **www.y-wagner.de**

Yvonne Wagner

---

* Aus Gründen der besseren Lesbarkeit haben wir in diesem Buch durchgehend die weibliche Form verwendet. Natürlich sind damit auch immer Männer gemeint, also Erzieher, Pädagogen, Fachanleiter etc.

Buchtipp

Wagner, Yvonne:
Bildungs- und Lerngeschichten schreiben leicht gemacht.
Schritt-für-Schritt-Anleitungen, Beispielvorlagen, Formulierungshilfen und Kreativübungen.
Verlag an der Ruhr, 2013.
ISBN 978-3-8346-2414-7

Dokumentieren mit Lerngeschichten – warum?

2001 entwickelte **Margaret Carr** in Neuseeland ein Verfahren, mit dem die Lernprozesse von Kindern dokumentiert werden sollten, die sogenannten „**learning stories**". In Anlehnung daran und in einem andauernden Prozess entstanden daraus im deutschsprachigen Raum die Bildungs- und Lerngeschichten als Dokumentationsform von Entwicklungsprozessen und Lernerlebnissen der Kinder. Sie sollen eine **wertschätzende und achtsame Möglichkeit** bieten, Kinder zu beobachten und ihre Entwicklung zu dokumentieren. Dabei liegt der Schwerpunkt darauf, das über eine längere Zeit Beobachtete in einer Art Geschichte oder Brief zu formulieren, um es kindgerecht präsentieren zu können. Das wichtigste Element für die Dokumentation mit Lerngeschichten sind die fünf Lerndispositionen, mit deren Hilfe Beobachtungen ausgewertet werden. Sie zeigen, welche Wege ein Kind einschlägt, um zu lernen, wie es sich motiviert oder motivieren lässt, welche Ausdauer es hat, wie es bereits vorhandenes Wissen verknüpft u. v. m. So sind die Lerndispositionen Wegweiser für die Entwicklung des Kindes. Folgende **fünf Lerndispositionen** hat Margaret Carr für die Lerngeschichten zugrunde gelegt:

- Interessiert sein
- Engagiert sein
- Standhalten
- Sich ausdrücken und mitteilen
- An einer Lerngemeinschaft mitwirken/ Verantwortung übernehmen

Diese fünf Kriterien zeigen auf, welche Lernstrategien das Kind anwendet und für sich entwickelt. Dabei werden aber auch Charaktereigenschaften, Temperament und psychische Stabilität offensichtlich – so z. B., wenn man beobachtet, wie ein Kind sich in einer Lerngruppe verhält, ob es sich dort durchsetzt, Anführer ist oder sich von anderen leiten lässt, ob es eigene Ideen einbringt oder lieber von außen zusieht.

Lerngeschichten als Dokumentationsform anzuwenden, bedeutet, die **eigene Haltung zum Lernen** überdenken und hinterfragen zu müssen, um den Kindern aufmerksam, achtsam und offen begegnen zu können. Denn hier wird nicht gelenkt und angeleitet, sondern beobachtet und dokumentiert, wie Kinder lernen. Die Kinder sind dabei diejenigen, die sich ihre Lernziele aussuchen, die ihre Welt entdecken und erleben. Als **Beobachter** hat man die Aufgabe, diese Erlebnisse zu bemerken und festzuhalten, um sie später unter anderem mit dem Kind gemeinsam zu reflektieren.

Mithilfe von Lerngeschichten und Briefen an das Kind entsteht **eine besondere Nähe**. So kann eine Erzieherin dem Kind das Gefühl geben, sich wirklich für seine Entwicklung zu interessieren. Denn wenn sie dem Kind die Geschichte schreibt, muss sie sich intensiv mit dem beschäftigen, was das Kind getan hat. Beim Vorlesen kommen sich beide nah und schließlich besprechen sie anschließend die Inhalte der Geschichte sowie das, was das Kind sich als Nächstes vornimmt.
Als **Ablage- oder Sammelort** für Lerngeschichten und Briefe an die Kinder eignen sich Portfolios besonders gut. Hier sind auch andere Dokumente enthalten und so entsteht eine vielschichtige und umfassende „Entwicklungsgeschichte" des jeweiligen Kindes.

Lerngeschichte und Brief an ein Kind

Der Unterschied zwischen einem Brief an ein Kind und einer Lerngeschichte ist so gering, dass sich die Begriffe meist vermischen. Im Grunde ist die **Lerngeschichte** meist als Brief an ein Kind verfasst. Eine Lerngeschichte kann mehr als Geschichte geschrieben werden, in der das Kind allerdings persönlich angesprochen wird. Hierbei muss es keine persönliche Begrüßung geben (wie „Liebe Maja"), sondern es kann direkt wie in einer Geschichte mit dem einleitenden Satz begonnen werden. Bei einem **Brief** hingegen ist schon die Form die eines Briefes, mit persönlicher Begrüßung und Verabschiedung sowie einem persönlichen Kommentar des Verfassers.

Lerngeschichten schreiben – kann ich das?

Um für Kinder einen persönlichen Brief zu schreiben, in dem ihre Entwicklung oder ein bestimmter Lernweg erzählt wird, müssen Sie nicht zum Romanautor werden. Ein bisschen **Übung**, viel **Austausch** mit den Kolleginnen und Einfühlungsvermögen, um zu erkennen, welche Sprache die Kinder verstehen, reicht aus. Im Buch „Bildungs- und Lerngeschichten schreiben leicht gemacht" (ISBN 978-3-8346-2414-7) finden Sie außerdem zahlreiche Spiele, Übungen und Erläuterungen, sodass Sie mit Ihrem Team gemeinsam Schritt für Schritt lernen können, diese Dokumentationsform anzuwenden.

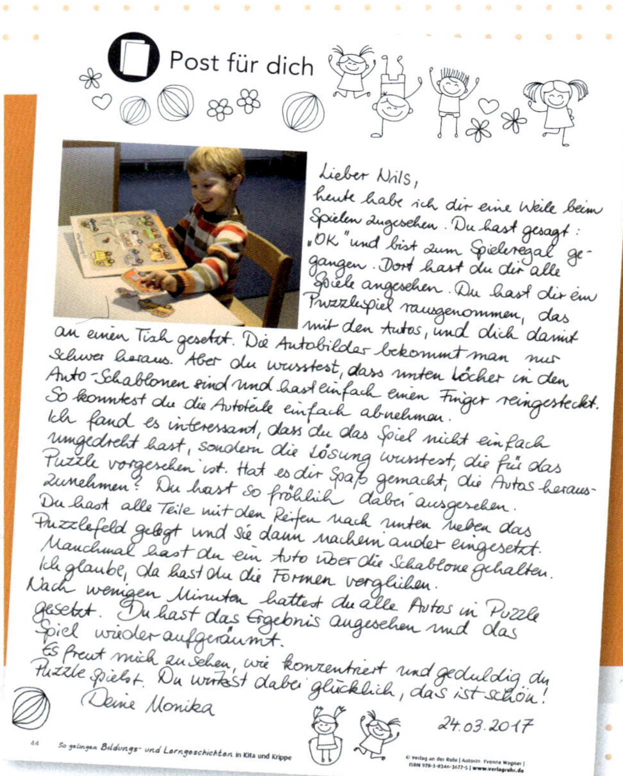
Post für dich

Lieber Nils,
heute habe ich dir eine Weile beim Spielen zugesehen. Du hast gesagt: „OK" und bist zum Spieleregal gegangen. Dort hast du dir alle Spiele angesehen. Du hast dir ein Puzzlespiel rausgenommen, das mit den Autos, und dich damit an einen Tisch gesetzt. Die Autobilder bekommt man nur schwer heraus. Aber du wusstest, dass unten Löcher in den Auto-Schablonen sind und hast einfach einen Finger reingesteckt. So konntest du die Autoteile einfach abnehmen.
Ich fand es interessant, dass du das Spiel nicht einfach umgedreht hast, sondern die Lösung wusstest, die für das Puzzle vorgesehen ist. Hat es dir Spaß gemacht, die Autos herauszunehmen? Du hast so fröhlich dabei ausgesehen.
Du hast alle Teile mit den Reifen nach unten neben das Puzzlefeld gelegt und sie dann nacheinander eingesetzt.
Manchmal hast du ein Auto über die Schablone gehalten.
Ich glaube, da hast du die Formen verglichen.
Nach wenigen Minuten hattest du alle Autos in Puzzle gesetzt. Du hast das Ergebnis angesehen und das Spiel wieder aufgeräumt.
Es freut mich zu sehen, wie konzentriert und geduldig du Puzzle spielst. Du wirkst dabei glücklich, das ist schön!
Deine Monika

24.03.2017

44 So gelingen Bildungs- und Lerngeschichten in Kita und Krippe

© Verlag an der Ruhr | Autorin: Yvonne Wagner | ISBN 978-3-8346-3677-5 | www.verlagruhr.de

Portfolios oder Sammelmappen?

Portfolios sind Sammlungen von Informationen über und von einer Person oder über eine Sache. Ein **pädagogisches Portfolio** beinhaltet immer Kommentare zu den jeweiligen Situationen, die auf den Seiten zu sehen oder zu lesen sind. So wird deutlich, warum die Seite entstand, wie es dazu kam, welchen Weg das Kind bis dahin zu bewältigen hatte und welche Erkenntnisse daraus entstanden.
Wie oben erwähnt, eignen sich **Lerngeschichten** hervorragend, um die anderen Seiten im Portfolio zu ergänzen. Denn hier ist die Perspektive eine andere als bei Kopiervorlagen, die von Kindern mithilfe eines Erwachsenen ausgefüllt werden. **Hier beobachten und dokumentieren Sie**.
Bei den **Kopiervorlagen** für Portfolios (die Sie u. a. hier im Buch ab S. 53 finden), evaluiert und **reflektiert das Kind selbst** – natürlich immer mit Ihrer Unterstützung.
Wenn sich dann auch noch Eltern am Portfolio beteiligen, entsteht eine wirklich umfassende Sammlung an Dokumenten rund um die Entwicklung des jeweiligen Kindes.

Datenschutz

Ein Portfolio ist immer **Eigentum des jeweiligen Kindes**. Das heißt, dass es (sofern es alt genug ist, dies zu verstehen) gefragt wird, wenn Sie oder die Eltern hineinsehen wollen. Die Kleinsten kann man zwar nicht fragen, ihnen jedoch mit Respekt begegnen und ihr Portfolio ebenso behandeln. Die Dokumentation ist sehr persönlich und darf **nicht zur Schau gestellt** werden. Niemals werden Portfolios an Elternabenden herumgegeben. Auch wenn Eltern nichts dagegen haben, das Portfolio ihres Kindes zu zeigen, ist es nicht angebracht, denn das Kind selbst ist nicht dabei, kann nichts erläutern. Schließlich geht es im Portfolio um sehr private Erlebnisse, um einen tiefen Einblick in die Persönlichkeit des Kindes. Stellen Sie sich einfach vor, es wäre Ihr Portfolio, mit der Dokumentation Ihrer Lernstrategien, Ihrer Entwicklung, Ihrer Versuche, etwas zu lernen und zu können. Würden Sie wollen, dass eine Runde fremder Menschen darin blättert, sich sogar dazu äußert? Für **Fotos** in Portfolios sollten Sie die **Einwilligung der Eltern** einholen. Auch wenn diese Fotos im eigenen Portfolio erscheinen, das nur von Ihnen, den Kindern und den Eltern eingesehen wird, ist es eine sinnvolle Absicherung. Bei dieser Erlaubnis sichern Sie ebenfalls ab, dass es in Ordnung ist, wenn ein Kind auch im Portfolio anderer Kinder auftaucht, z. B. wenn eine Gruppenarbeit oder ein Gruppenspiel stattfindet. Eine Liste zum Eintragen, welche Einwilligungen Sie bereits eingeholt haben, finden Sie auf S. 31.

Zum Umgang mit dem Buch

Dieses Buch bietet Ihnen **praktische Unterstützung** beim Beobachten und Dokumentieren der Kinder mithilfe von Lerngeschichten und -briefen sowie Bildergeschichten und weiteren Portfolioeinträgen. Dazu finden Sie zahlreiche **Kopiervorlagen, Checklisten, Tabellen** sowie **positive und negative Beispiele**, die Ihnen die Arbeit erleichtern sollen. Die Anordnung der Inhalte ist chronologisch aufgebaut in Anlehnung an Ihre praktische Arbeit:

- Beobachtungen organisieren
- beobachten
- auswerten
- sich austauschen
- positive und negative Beispiele von Beobachtungen und Auswertungen
- Hilfen zum Formulieren von Lerngeschichten
- Beispiele von Lerngeschichten, Briefen und Bildergeschichten für Kinder (positive und negative)
- Briefpapier
- Portfolioseiten für Kinder und Eltern

Lerngeschichten schreiben ist gar nicht so schwer, wenn man sich ein wenig vorbereitet. Damit Sie es möglichst leicht haben, finden Sie in diesem Buch viele übersichtliche Hilfen in Form von Checklisten und Kopiervorlagen. Einige Checklisten eignen sich gut, um sie im Personalraum aufzuhängen, damit alle Teammitglieder gleichermaßen davon profitieren. Außerdem finden Sie z. B. eine Tabelle für die Organisation der Beobachtungen, die Sie für alle Beteiligten zugänglich ablegen sollten.

Damit Sie verstehen, wie Lerngeschichten formuliert werden können, finden Sie auch einige negative Beispiele im Buch. Sie können anhand einer Situation, die mehrfach aufgegriffen wird („Victoria“), direkt vergleichen und lernen, welche Schwächen die eine oder andere Lerngeschichte bzw. Beobachtung hat. So wird recht schnell deutlich, wie ein wertschätzender und aufschlussreicher Text klingen kann.

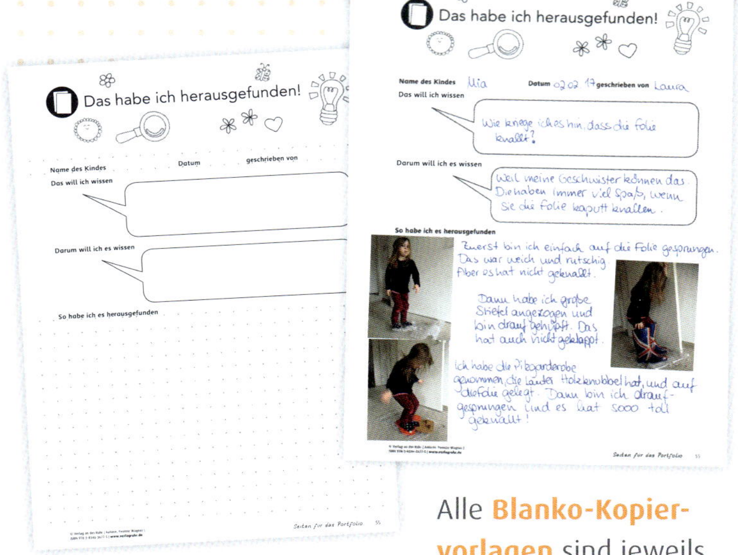

Alle **Blanko-Kopiervorlagen** sind jeweils einmal **leer zum Kopieren und einmal ausgefüllt** vorhanden. So können Sie sehen, welche Möglichkeiten es gibt, etwas einzutragen. Die Seiten sind so gestaltet, dass sie möglichst viel Freiraum bieten, sie auszufüllen. Es bleibt Ihnen und dem Kind überlassen, mehrere Fotos aufzukleben, nur Text aufzuschreiben oder eine Zeichnung mit Kommentar aufzukleben.

Die Auswahl der **Portfolioseiten** ist beschränkt, lässt sich aber beliebig erweitern.
In diesem Buch finden Sie wiederholt die Aussagen:

- Das will ich lernen – für die Ziele, die sich das Kind setzt
- Das habe ich gelernt – für die Beobachtung des Lernens an sich und das Ergebnis
- Das kann ich jetzt – für die Erkenntnis eines Entwicklungsschrittes

Entwerfen Sie selbst eigene Kopiervorlagen für Ihre Einrichtung, die den Vorlagen in diesem Buch folgen, oder lassen Sie die Kinder ganz frei ihre Portfolioseiten gestalten. So entstehen sehr persönliche, individuelle Portfolios.

Tipps

Falls der **Platz** auf einer Kopiervorlage nicht reicht, um z. B. die Lerndispositionen zu erläutern oder die Beobachtungen festzuhalten, schreiben Sie einfach auf der Rückseite Ihres Papiers weiter oder heften Sie ein weiteres Blatt an.
Sehen Sie die Kopiervorlagen für die **Portfolioseiten** als eine Möglichkeit, mit wenig Aufwand interessante Einträge mit den Kindern gemeinsam zu gestalten. Allerdings sollten Sie nie darauf verzichten, mit dem Kind über den Eintrag zu **sprechen**.
Kommen Sie nicht in die Versuchung, ein Portfolio mit Kopiervorlagen zu füllen oder Kinder sogar „Mandala-Malvorlagen" ausmalen und einordnen zu lassen. Ohne Kommentare der Kinder, ohne Ihre Rückmeldung und ohne ein Gespräch zwischen Ihnen und dem Kind sind solche Ausmalvorlagen nicht geeignet, im Portfolio abgeheftet zu werden.
Möchten Kinder ein gemaltes Bild ins Portfolio heften, können sie dies tun. Sprechen Sie aber mit dem Kind über seine Intention, das Bild gemalt zu haben, über die Inhalte des Bildes oder darüber, warum es gerade diese Farben gewählt hat. Schreiben Sie die Kommentare auf ein Blatt oder auf die Rückseite des Bildes. Alternativ können Sie das Bild auch fotografieren oder scannen und in eine Portfolio-Vorlage einfügen. Generell gilt: In einem Portfolio soll nicht einfach alles abgeheftet werden, was das Kind erlebt und gestaltet, sondern **Besonderes, spezielle Ereignisse** oder die Dokumentation bestimmter **Lernschritte**.

Hinweis

Aus Datenschutzgründen wurden die Namen der Kinder geändert und die Situationen auf den Fotos etwas abgewandelt.

Beobachten und Auswerten

Verschiedene Formen für verschiedene Anlässe

Es gibt viele Formen, zu beobachten, die im Laufe der Zeit mit verschiedenen Begriffen benannt wurden. Da sich diese Namen und Einordnungen häufig überschneiden, seien hier einige Grundformen zum Vergleich für Sie zusammengefasst. Beim **„naiven Beobachten"** oder der Gelegenheitsbeobachtung wird ein Moment intuitiv wahrgenommen, notiert und ggf. eingeschätzt. Auch wenn sich die Fachkraft bereits ein Kind ausgesucht hat, das sie an diesem Tag beobachten möchte, kommt es zu solchen spontanen Beobachtungen. Diese Form des Beobachtens findet praktisch ständig statt, wenn eine aufmerksame pädagogische Fachkraft die anwesenden Kinder im Blick hat oder kleine Alltagsmomente bemerkt und als Beobachtung notiert. Sobald sie ihre Beobachtung in Gedanken oder schriftlich festhält, kann sie diese für weitere Auswertungen nutzen.

Systematisches Beobachten findet statt, wenn ein Kind zu bestimmten Zeitpunkten, in bestimmten Situationen beobachtet werden soll, aber auch, um bestimmte Kriterien abzufragen. So z. B. um herauszufinden, ob das Kind bereits ein gesundes Selbstvertrauen besitzt oder wie sich seine Sprache entwickelt. Zu unterscheiden ist das systematische Beobachten durch die Art, wie beobachtet wird – gerichtet oder ungerichtet.

„Ungerichtetes Beobachten" bedeutet, dass das Kind möglichst „offen" angesehen wird, um es als gesamte Persönlichkeit wahrzunehmen und die Situation erst später nach gewissen Kriterien (wie den Lerndispositionen) einzuordnen und auszuwerten. Diese Form des Beobachtens kommt bei den Bildungs- und Lerngeschichten zum Tragen. Allerdings steht hier immer das Kind als „Ganzes" im Mittelpunkt, daher nennt man hier die Form „freie Beobachtung", im Sinne von „frei von vorgegebenen Strukturen und Kriterienkatalogen".

Das **„gerichtete Beobachten"** hingegen zielt sehr konkret darauf ab, bestimmte Verhaltensweisen, Kompetenzen oder Fähigkeiten zu beobachten, um den jeweiligen Entwicklungsstand zu erkennen. Hierfür ist es notwendig, genau zu planen und sich im Team abzusprechen, wer was und wann beobachtet. Für systematisches und zielgerichtetes Beobachten gibt es einige standardisierte Systeme, wie PERIK, Bellers Entwicklungstabelle usw. Viele Träger schreiben vor, welche Systeme verwendet werden sollen. Es ist sinnvoll, solche Systeme als Anregung und Hilfsmittel zu nutzen, jedoch stets auf seine Erfahrung und interne Absprachen im Team zurückzugreifen, um eine für die Kita eigene geeignete Beobachtungsform zu finden.

Beobachtungen schriftlich festhalten

Hier ist die Form zunächst nicht wichtig, sondern der Inhalt. Vor allem bei spontanen Beobachtungen haben Sie gar keine Zeit, ordentlich und in ganzen Sätzen zu schreiben. Also notieren Sie lieber halbwegs leserlich kurze **Stichworte** und formulieren Sie diese später aus, anstatt gar nichts zu schreiben. Denn Beobachtungen im Kopf zu behalten, genauso, wie man sie wahrgenommen hat, ist schwierig.

Beim Notieren helfen z. B. folgende Fragen:

- Wen beobachte ich?
- Was nehme ich wahr?
- Was fällt mir auf?
- Wie verhält sich das Kind?
- Was tut es?

Hinweise auf **vorangegangene Ereignisse** oder bestimmte Bedingungen sind wichtig und sollten notiert werden. Wenn Ihnen z. B. einfällt, dass das Kind schon seit ein paar Tagen so quengelig ist wie gerade in dem Moment, als Sie es beobachten, schreiben Sie dies als Hinweis auf. Auch **persönliche Anmerkungen** sind erlaubt, sofern sie als solche gekennzeichnet werden und später vom objektiven Beobachten zu trennen sind. Im Fall des quengeligen Kindes haben die Eltern z. B. gerade einen Umzug bewältigt und sind recht angespannt. Sie vermuten, dass sich das auf das Kind auswirkt. Diese persönliche Einschätzung kann Ihnen helfen, hier genauer nachzufragen.

Austausch mit Kollegen

Wenn mehrere Menschen ein Kind beobachten, kann die Sicht auf das Kind objektiver werden. Denn die **verschiedenen Perspektiven** sowie die unterschiedlichen persönlichen Hintergründe der Beobachter bieten entsprechend einen Mix individueller Eindrücke. Dieselbe Situation kann für verschiedene Menschen ganz anders aussehen.

Der Austausch im Team hilft auch, **Interpretationen weitgehend zu vermeiden** bzw. aufzudecken, sofern sich alle strikt an die Regel halten, tatsächlich nur Beobachtungen und evtl. Hintergrundinformationen auszuwerten.

Ideal ist es, wenn Sie sich für ein **Schema** entscheiden, nach dem Sie für alle Kinder vorgehen. So können Sie für das jeweilige Kind nach und nach alle Bildungsbereiche besprechen. Das heißt, eine oder mehrere Personen beobachten das Kind in verschiedenen Situationen und machen sich Notizen zu den Bildungsbereichen.

Führen Sie anschließend die Bereiche für das Kind zusammen, sodass ein Gesamtbild entsteht. Wenn Sie das Kind in einer Situation mit mehreren Kolleginnen beobachten, ist es sinnvoll, sich zeitnah zu den Wahrnehmungen auszutauschen.

Nutzen Sie die Kopiervorlage auf der Folgeseite, um im Team zu organisieren, wer das Kind wann beobachtet. Sie können auch selbst eine geeignete Tabelle anfertigen.

Beobachtung (Situation/ Bereich) von/am	Gespräch von Timo mit Luise und Sven / Sprache Sabine W., 24.03.17	
Beobachtung (Situation/ Bereich) von/am	Timo spielt mit den Magneten / Naturwissenschaften Sabine W., 09.04.17	
Teambesprechung Beobachtung am/um	Sabine W., Karla, Jens 12.04.17, 16.30 Uhr	
Lerngeschichte (Thema) von/am	Gespräche: Sabine W. 13.04.17	
Portfolioseite (Thema) von/am	Magnet Sabine W., 13.04.17	

Beobachten und Dokumentieren – Organisatorisches

Name des Kindes:

Beobachtung (Situation/Bereich) von/am		
Beobachtung (Situation/Bereich) von/am		
Beobachtung (Situation/Bereich) von/am		
Beobachtung (Situation/Bereich) von/am		
Beobachtung (Situation/Bereich) von/am		
Beobachtung (Situation/Bereich) von/am		
Beobachtung (Situation/Bereich) von/am		
Beobachtung (Situation/Bereich) von/am		
Beobachtung (Situation/Bereich) von/am		
Teambesprechung Beobachtung am/um		
Lerngeschichte (Thema) von/am		
Lerngeschichte (Thema) von/am		
Portfolioseite (Thema) von/am		
Portfolioseite (Thema) von/am		
Portfolioseite (Thema) von/am		
Gespräch mit Kind von/am		
Entwicklungsgespräch mit Eltern von/am/um		
Teambesprechung Auswertung von/am/um		

ISBN 978-3-8346-3677-5 | www.verlagruhr.de

Fragen, die Ihnen helfen, das Kind ganzheitlich wahrzunehmen

Beobachten Sie das Kind immer als gesamte Persönlichkeit. Wenn Sie unsicher sind, worauf Sie achten sollen, stellen Sie sich Fragen. Mithilfe dieser Fragen können Sie später die Beobachtungen den Bildungsbereichen zuordnen.

Persönlichkeit: Selbstbewusstsein, Selbstwahrnehmung, Temperament, Interessen, besondere Fähigkeiten

- Traut sich das Kind etwas zu?
- Probiert es etwas aus?
- Wie geht es an (neue) Herausforderungen heran?
- Wie tritt das Kind in die Gruppe?
- Wie äußert es seine Bedürfnisse?
- Womit beschäftigt sich das Kind häufig über einen großen Zeitraum immer wieder?
- Welche Fähigkeiten fallen bei dem Kind besonders auf?

Soziales Miteinander

- Mit wem spielt das Kind häufig?
- Spielt es lieber allein, mit einem Kind oder mehreren Kindern?
- Sucht es sich die Spielpartner selbst oder wird es von anderen aufgefordert, mitzuspielen?
- Welche Rolle(n) nimmt es im Spiel ein? Gibt es eine Tendenz?
- Ist das Kind immer das erste, wenn es darum geht, etwas vor der Gruppe zu tun oder ein Gruppenspiel zu beginnen, oder wie verhält es sich?
- Hilft das Kind anderen?
- Lässt es sich gern von anderen helfen?
- Wie reagiert das Kind in Konfliktsituationen?

Kommunikation, Sprache, Literacy

- Wie drückt das Kind Bedürfnisse und Gefühle aus (sprachlich, durch Gestik/Mimik, …)?
- Zeigt das Kind Freude daran, sich mitzuteilen?
- Verfügt das Kind über einen altersgemäßen Wortschatz?
- Kann das Kind Wörter aneinanderreihen und Sätze bilden?
- Wie ist die Aussprache des Kindes?
- Spricht das Kind noch eine andere Sprache als Deutsch? In welchen Situationen nutzt es welche Sprachen?
- Kann das Kind sich verständlich ausdrücken?
- Passt die Körpersprache des Kindes zu dem, was es sagt?
- Kann es seine Meinungen, Vorlieben etc. äußern und begründen?
- Hat das Kind Interesse an Büchern oder anderen Medien, Buchstaben, Symbolen?

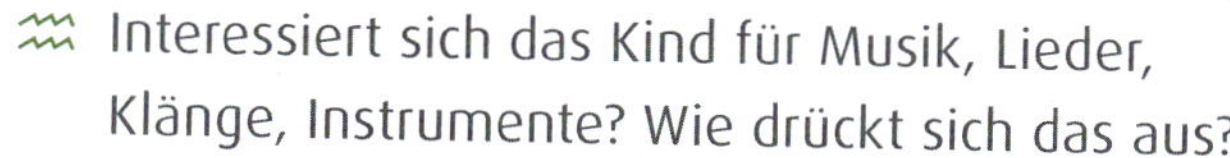

Musische und ästhetische Bildung

- Interessiert sich das Kind für Musik, Lieder, Klänge, Instrumente? Wie drückt sich das aus?
- Kann das Kind eine einfache Melodie nachsingen, summen, brummen oder lallen?
- Wie ist das Rhythmusgefühl des Kindes ausgeprägt?
- Wiegt sich das Kind zu Musik, bewegt es sich in irgendeiner Form dazu?
- Wie reagiert das Kind auf Bilder?
- Hat das Kind Vorlieben, wenn es Farben auswählt?
- Welche Formen scheinen das Kind besonders zu interessieren?
- Kann das Kind bereits einen geschlossenen Kreis zeichnen?
- Hat das Kind Interesse daran, sich schöpferisch auszudrücken (kneten, malen, basteln, zeichnen)?
- Wie nutzt es Gerätschaften zum Gestalten (Schere, Klebstoff, Pinsel, Farben, Stifte)?
- Zeichnet das Kind altersgemäß (abstrakte Gebilde, Figuren, Gegenstände)?

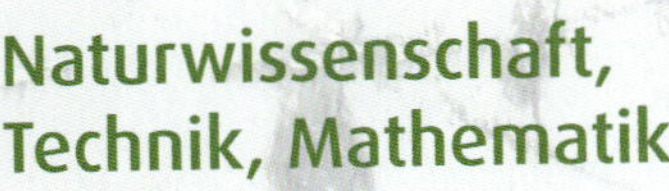

Naturwissenschaft, Technik, Mathematik

- Ist das Kind neugierig?
- Fragt das Kind häufig nach Begründungen und Zusammenhängen?
- Welche Phänomene interessieren das Kind besonders?
- Kann das Kind bereits altersentsprechend zählen?
- Ist das Kind fähig, Formen zuzuordnen?
- Ist das Kind fähig, einige Teile zusammenzubauen?
- Kann das Kind bereits einen Turm bauen, der eine Weile stehen bleibt?

Bewegung, körperliche Fähigkeiten, Gesundheit

- Kann das Kind altersangemessen krabbeln/stehen/gehen/rennen/hüpfen/auf einem Bein stehen?
- Wie wirken die Bewegungen des Kindes (fließend, aufeinander abgestimmt, koordiniert)?
- Wie ist die körperliche Konstitution des Kindes (zart, übergewichtig, sehr dünn, kräftig, stark, schwach)?
- Wie ist der gesundheitliche Zustand des Kindes (aktuelle Erkrankungen, Unwohlsein, äußere Verletzungen, Allergien, Unverträglichkeiten)?
- Wie ist der allgemeine psychische Zustand des Kindes (wirkt in sich ruhend, ständig aufbrausend, unruhig, unsicher ...)?
- Wie ist die Feinmotorik des Kindes entwickelt?
- Wie ist die Koordination des Kindes entwickelt?
- Wie ist die Grobmotorik des Kindes entwickelt?
- Welche Bewegungen machen dem Kind besonders viel Freude?

Natur, Umwelt

- Zeigt das Kind ein natürliches Interesse an seiner Umwelt?
- Geht das Kind wertschätzend und rücksichtsvoll mit der Natur um?
- Hat das Kind Interesse an Pflanzen und Tieren? Kennt das Kind bereits einige Namen und Begriffe aus der Pflanzen- und Tierwelt?
- Hat das Kind bereits ein einfaches Wissen über natürliche Gegebenheiten, wie das Wachstum von Pflanzen und den Kreislauf des Wetters?

Beobachtungen aufschreiben – im Überblick

Schritte beim Beobachten

1. **Notieren**
2. **Ausformulieren**
3. **Auswerten** (möglichst gemeinsam mit Kolleginnen)
4. **Zusammenfassen**/Schlüsse ziehen und diese aufschreiben bzw. für eine Dokumentation ausformulieren

⇨ **nächste Schritte**: evtl. Brief, Lerngeschichte oder Bildergeschichte schreiben, Portfolioseiten anlegen, Gespräche mit dem Kind oder/und den Eltern führen

Objektiv beobachten – Tipps

- **Subjektiver Eindruck:** Ben ist müde.
- **Objektive Beobachtung:** Ben sitzt am Tisch, den Kopf auf die Arme gelegt, die auf dem Tisch liegen. Er schaut zu den Kindern, die links von ihm auf dem Bauteppich spielen. Er zeigt keine Regung, einen vollkommen neutralen Gesichtsausdruck. Die Augen sind halb geschlossen.

Leitfragen:

⇨ Was tut das Kind?
⇨ Was sagt das Kind?
⇨ Wie sieht es aus?
⇨ Wie hört es sich an?
⇨ Wie bewegt es sich?
⇨ Wie reagieren die Kinder in unmittelbarer Nähe auf sein Verhalten?

Pfeile: © bofotolux - Fotolia.com

Treffende Worte finden

- Je **genauer** eine Situation beschrieben wird, desto **anschaulicher** ist sie für den Leser. Dabei ist es sinnvoll, möglichst treffende Wörter zu wählen.
  - Ungenau: gehen
  - Besser: schlurfen, latschen, schleichen, tippeln, marschieren ...
- Geben Sie **Zeiten** genau an, um einen Eindruck zu vermitteln, wie lange die Situation anhält.
  - Ungenau: nach kurzer Zeit
  - Besser: nach etwa zwei Minuten
- Heben Sie Besonderes hervor und stellen Sie dar, wie sich das Kind im **Vergleich** zu den anderen Kindern der Spielgruppe verhält:
  - Ungenau: Sie hat ihren Teller aufgeräumt.
  - Besser: Als einzige der Gruppe ... oder: Während die anderen aufstanden und gingen, hat sie ihren Teller genommen und ...
- **Werten und deuten Sie nicht**, sondern stellen Sie nur dar, was Sie beobachten! Wenn möglich, fragen Sie das Kind direkt, warum es etwas tut, oder stellen Sie die Frage als Hinweis in der Beobachtung, um sie später im Gespräch mit dem Kind zu klären.
  - Keine Beobachtung: Peter legt das Buch weg, weil er keine Lust mehr hat, zu lesen.
  - Besser: Peter legt das Buch weg und geht zur Bauecke. Auf meine Frage, warum er das Buch weglegt, sagt er: „Ich habe keine Lust mehr, zu lesen."
- Manchmal ist es nützlich, noch eine **zusätzliche Information** zu geben.
  - Zum Beispiel: Leo sitzt in den letzten zwei Wochen fast täglich mindestens eine halbe Stunde alleine in der Leseecke. Paolo und Marie kennen sich schon aus der Krippe.

Beobachtungen nach Lerndispositionen einschätzen und auswerten

Lerngeschichten entstehen aufgrund vorheriger freier Beobachtungen. Die Beobachtungen werden im Anschluss mithilfe bestimmter Kriterien zur Strukturierung ausgewertet. Diese sogenannten Lerndispositionen geben unter anderem Aufschluss über die Strategien, die das Kind anwendet, um zu lernen, über seine Neigungen, seine Ausdauer sowie die Art, wie es an Lerngemeinschaften mitwirkt. Wichtig ist, über einen längeren Zeitraum zu beobachten und sich dabei im Team abzuwechseln, um ein möglichst objektives und umfassendes Ergebnis zu erzielen.

Interessiert sein

- Wofür interessiert sich das Kind?
- In welchen Situationen zeigt sich das Interesse des Kindes?
- Wie drückt es sein Interesse aus?

Engagiert sein

- Versucht das Kind, sein gewecktes Interesse durch Eigeninitiative zu stillen?
- Wie zeigt sich das Engagement (intensive Beschäftigung, beobachten, erforschen, fragen, einfordern ...)?

Standhalten

- Bleibt das Kind bei der Sache, auch wenn kein Erfolgserlebnis eintritt?
- Wie geht es mit Frustration um?
- Wie verhält es sich, wenn etwas nicht klappt?

Sich ausdrücken und mitteilen

- Wie teilt das Kind seine Beobachtungen und Erkenntnisse mit?
- Wie drückt es sich aus?
- Welche (verbalen) Möglichkeiten sucht es, um das Lernen/die Erkenntnisse voranzutreiben?

An einer Lerngemeinschaft mitwirken/Verantwortung übernehmen

- Wie verhält sich das Kind innerhalb einer Gruppe, wenn es dort (Lern-)Erfahrungen macht?
- Welche Strategien findet es, sein Interesse zu zeigen, Ideen einzubringen, sich zu äußern, sich durchzusetzen, abzuwarten, anderen zu helfen ...?
- Wie findet das Kind Kompromiss- oder Konsenslösungen und wie verhält es sich, wenn es mit vorgeschlagenen Lösungen nicht einverstanden ist?
- Kann es Verantwortung für sich, für die Gruppe, für Dinge, bestimmte Prozesse, an denen es teilhat, sowie für ihm zugeteilte Aufgaben übernehmen?

Protokoll Beobachtung – Austausch mit Kolleginnen

Protokoll Beobachtung - Austausch mit Kolleginnen

Name des Kindes Anne

Beobachterin/nen Sabine S., Carmen

Datum 11.01.2017

Beobachtungsschwerpunkt/Bildungsziel/Kompetenz

Feinmotorik/Stifthaltung, Dreipunktgriff, Händigkeit, zeichnen mit verschiedenen Stiften, geschlossener Kreis, Linien, Ausmalen

Beobachtungen

- Greift zuerst mit links nach einem Buntstift (dick) und nimmt ihn dann rechts. Mehrmals so, einige Male gleich rechts.
- Wechselt beim Zeichnen nicht die Hand, behält rechts bei.
- Greift Stifte mit Dreipunktgriff, führt sie sicher.
- Greift kurze Stifte und Kreide mit Faustgriff, geht manchmal zum Dreipunktgriff über (je nach Größe?)
- Zeichnet geschlossenen Kreis sicher.
- Zwischen zwei Linien oder entlang einer Linie zeichnet sie unsicher, oft über die Linien hinaus, setzt öfter ab, neu an.
- Ausmalen gelingt ihr recht exakt, zeichnet erst am Rand entlang, dann kreuz und quer, nach einer Weile ungenauer, über die Ränder hinaus.
- Drückt sehr leicht auf, Farben sind oft kaum erkennbar.

Hinweise/Ziele für das Kind

- Zum Ausprobieren dreieckige, dicke Stifte geben
- Weiche Ölkreiden anbieten – wie geht sie damit um? Wie gefällt ihr die Farbigkeit?
- Beobachten, was sie zeichnet, für welche Motive interessiert sie sich, kommen Schreibversuche vor?

ISBN 978-3-8346-3677-5 | www.verlagruhr.de

Beobachten und Auswerten 17

Protokoll Beobachtung – Austausch mit Kolleginnen

Name des Kindes

Beobachterin/nen

Datum

Beobachtungsschwerpunkt / Bildungsziel / Kompetenz

Beobachtungen

Hinweise / Ziele für das Kind

ISBN 978-3-8346-3677-5 | **www.verlagruhr.de**

– Beobachtung Victoria

Name des Kindes Victoria; 5,6 Jahre **Datum** 22.03.2017 **Uhrzeit** 10.45 Uhr

Beobachter/in Inge Schmidt

Ort Gruppenraum Sonne

Situation Freispiel

Vorbemerkung

Seit einiger Zeit arbeitet Victoria an ihrer Webarbeit, die alle Vorschulkinder dieses Jahr machen sollen. In der letzten Woche hatte sie gar keine Lust weiterzumachen, weil ihr anderes wichtiger war.

Handlungsablauf

Sophie schlägt vor, zu weben. Victoria und Jana machen mit. Wobei Jana sicher nur mitmacht, weil sie mit den beiden zusammen sein will. Sie holen ihre angefangenen Webarbeiten aus dem Regal, setzen sich an einen Tisch und beginnen jeder für sich. Victoria schaut nach einer Weile zu den anderen, um zu sehen, wie weit die schon gewebt haben, macht dann lieber weiter. Sie hat noch einige Wolle auf dem Schiffchen und zieht sie gleichmäßig durch die Fäden. Sie bewegt ihre Finger routiniert und sicher, sodass sich das Schiffchen nicht verheddert. Sophie hat wohl nicht so viel Spaß am Weben. Sie hat erst wenige Reihen gewebt und erzählt recht ausführlich von ihren neuesten Erlebnissen. Victoria webt weiter, scheint aber trotzdem aufmerksam zuzuhören, weil die Geschichten so amüsant sind. Ab und zu lacht sie laut, schaut zu Sophie und macht dann weiter. Das Weben scheint ihr wichtiger zu sein als die Erzählungen von Sophie. Sie arbeitet sehr sorgfältig.

Behauptungen und Interpretationen – woher weiß die Autorin das? Wie drückt das Kind dies aus?

Behauptungen und Interpretationen – woher weiß die Autorin das? Wie drückt das Kind dies aus?

Behauptungen und Interpretationen – woher weiß die Autorin das? Wie drückt das Kind dies aus?

Die Reihen sind gerade und fest. Victoria zieht nach höchstens zwei Reihen mit dem Kamm nach. Es sind keine Lücken zwischen den Reihen zu sehen. Victoria ist überhaupt ziemlich ordentlich und will es allen recht machen. Nach einer Weile geht Jana. Sophie erzählt von ihrer Ballettstunde. Sie hat da neue Schritte gelernt und ihre Freundin Maja hat viel Quatsch gemacht. Victoria webt immer noch konzentriert weiter. Der Webrahmen ist jetzt voll und kein Platz mehr zum Weiterweben. Sie schaut sich ihr gewebtes Werk an und streicht mit den Fingern über die Wollreihen. Dann hebt sie den Webrahmen und drückt sanft ihre Wange an das Webstück. Dabei sieht sie ganz versunken und verträumt aus. Sicher träumt sie von einem Schal aus weicher Wolle oder einem kuscheligen Bett.
Um 11 Uhr weise ich darauf hin, dass alle aufräumen sollen, weil wir in den Turnraum gehen wollen. Victoria packt ihren Webrahmen weg und hilft pflichtbewusst Sophie dabei, ihre Schiffchen ordentlich aufzuwickeln und den Webrahmen auch aufzuräumen.

Anmerkungen

Ich werde Victoria weiche Wolle geben, damit sie daraus nochmal etwas weben kann.

Gehört nicht in die Beobachtung von Victoria.

Behauptungen und Interpretationen – woher weiß die Autorin das? Wie drückt das Kind dies aus?

Es wäre besser, das Kind anzuregen, sich selbst etwas auszudenken, ihm durch die Wolle einen Impuls zu geben, aber ihm nicht zu sagen, was es damit machen kann.

Beobachtung: Victoria - Stichpunkte

Name des Kindes Victoria; 5,6 Jahre **Datum** 22.03.2017 **Uhrzeit** 10.45 Uhr

Beobachterin Inge Schmidt

Ort Gruppenraum Sonne **Situation** Freispiel

Stimmung des Kindes ☐  ☒  ☐  ☐  ☐  

Vorbemerkung

Seit einiger Zeit arbeitet Victoria an ihrer Webarbeit, die alle Vorschulkinder dieses Jahr machen sollen. In der letzten Woche hat sie nicht weitergewebt.

Handlungsablauf

- Sophie schlägt vor, zu weben. V. und Jana machen mit. Holen angefangene Webarbeiten aus dem Regal, setzen sich zusammen an Tisch, beginnen jede für sich.
- V. schaut nach ein paar Minuten zu den anderen, macht konzentriert weiter.
- Hat noch Wolle auf dem Schiffchen und zieht sie gleichmäßig durch die Fäden. Bewegt ihre Finger routiniert und sicher, das Schiffchen verheddert sich nicht.
- Zum Vergleich: S. hat erst wenig gewebt, erzählt ausführlich von ihren Erlebnissen.
- V. webt weiter, scheint trotzdem aufmerksam zuzuhören. Lacht manchmal laut, schaut zu S., macht weiter.
- Arbeitet sehr sorgfältig. Reihen gerade, fest. Zieht nach höchstens zwei Reihen mit dem Kamm nach. Keine Lücken zwischen den Reihen zu sehen.
- J. geht (nach ca. 10 Minuten). S. erzählt von ihrer Ballettstunde.
- V. webt immer noch konzentriert weiter. Webrahmen ist voll. V. schaut ihr gewebtes Werk an, streicht mit Fingern über die Wollreihen. Hebt den Webrahmen, drückt ihre Wange sanft an das Webstück. Sieht versunken und verträumt aus.
- Um 11 Uhr aufräumen - Turnraum.
- V. packt Webrahmen weg, hilft S., ihre Schiffchen ordentlich aufzuwickeln und Webrahmen aufzuräumen.

Anmerkungen

- Weiterbeobachten, was V. mit der Webarbeit machen wird.
- Ideen mit ihr besprechen.
- Offenbar mag sie weiche Wolle. Kuschelige Wolle mit langen Fasern für ein weiteres Webstück anbieten oder helfen, ein kleines Kissen aus dem Webstück zu nähen.

Relevante Bildungsbereiche ☐  ☐  ☒  ☒ 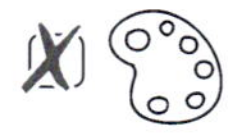

☐  ☐ 

☐  ☐  ☐ 

Beobachtung – Stichpunkte

Name des Kindes **Datum** **Uhrzeit**

Beobachterin

Ort **Situation**

Stimmung des Kindes ☐ ☺☺ ☐ ☺ ☐ 😐 ☐ ☹ ☐ ☹☹

Vorbemerkung

•

•

Handlungsablauf

•

•

•

•

•

•

•

•

Anmerkungen

•

•

•

Relevante Bildungsbereiche ☐ ☐ ☐ ☐

☐ ☐ ☐ ☐ ☐

Icon Kopiervorlage: © Judith Tüch; Smileys: © Verlag an der Ruhr; alle anderen Illustrationen: © rudut2015 – Fotolia.com

ISBN 978-3-8346-3677-5 | www.verlagruhr.de

Beobachtung: Victoria - ausformuliert

Name des Kindes Victoria; 5,6 Jahre **Datum** 22.03.2017 **Uhrzeit** 10.45 Uhr

Beobachterin Inge Schmidt

Ort Gruppenraum Sonne

Situation Freispiel

Vorbemerkung

Seit einiger Zeit arbeitet Victoria an ihrer Webarbeit, die alle Vorschulkinder dieses Jahr machen sollen. In der letzten Woche hat sie nicht weitergewebt.

Handlungsablauf

Sophie schlägt vor, zu weben. Victoria und Jana machen mit. Sie holen ihre angefangenen Webarbeiten aus dem Regal, setzen sich an einen Tisch und beginnen jede für sich. Victoria schaut nach ein paar Minuten zu den anderen, macht dann konzentriert weiter. Sie hat noch einige Wolle auf dem Schiffchen und zieht sie gleichmäßig durch die Fäden. Sie bewegt ihre Finger routiniert und sicher, sodass sich das Schiffchen nicht verheddert. Sophie hat erst wenige Reihen gewebt und erzählt recht ausführlich von ihren neuesten Erlebnissen. Victoria webt weiter, scheint aber trotzdem aufmerksam zuzuhören. Ab und zu lacht sie laut, schaut zu Sophie und macht dann wieder weiter. Sie arbeitet sehr sorgfältig. Die Reihen sind gerade und fest. Victoria zieht nach höchstens zwei Reihen mit dem Kamm nach. Es sind keine Lücken zwischen den Reihen zu sehen.
Nach etwa 10 Minuten geht Jana. Sophie erzählt von ihrer Ballettstunde. Victoria webt immer noch konzentriert weiter. Der Webrahmen ist jetzt voll und kein Platz mehr zum Weiterweben. Sie schaut sich ihr gewebtes Werk an und streicht mit den Fingern über die Wollreihen. Dann hebt sie den Webrahmen und drückt sanft ihre Wange an das Webstück. Sie sieht ganz versunken und verträumt dabei aus.
Um 11 Uhr weise ich darauf hin, dass alle aufräumen sollen, weil wir in den Turnraum gehen wollen. Victoria packt ihren Webrahmen weg und hilft Sophie dabei, ihre Schiffchen ordentlich aufzuwickeln und den Webrahmen auch aufzuräumen.

Anmerkungen

Ich beobachte weiter, was Victoria mit der Webarbeit machen wird, und bespreche mit ihr weitere Ideen. Offenbar mag sie weiche Wolle. Ich könnte ihr kuschelige Wolle mit langen Fasern für ein weiteres Webstück anbieten oder ich helfe ihr, ein kleines Kissen aus dem Webstück zu nähen.
Ich beobachte, ob sie sich bei anderen Gelegenheiten in der Gruppe aktiver am Austausch beteiligt, mit anderen abstimmt usw.

Beobachtung

Name des Kindes **Datum** **Uhrzeit**

Beobachterin

Ort

Situation

Vorbemerkung

Handlungsablauf

Anmerkungen

ISBN 978-3-8346-3677-5 | **www.verlagruhr.de**

Auswertung der Beobachtung nach Dispositionen: Victoria

Auswertung der Beobachtung nach Dispositionen

Name des Kindes Victoria **Datum/Uhrzeit** 28.03.2017

Beobachterin Inge Schmidt **in Absprache mit** Franzi Huber

Zur Beobachtung vom 22.03.2017 **um** 10.45 Uhr

Interessiert sein

Auf Vorschlag von Sophie: weben, an eigener Webarbeit weiter arbeiten

Engagiert sein

Arbeitet konzentriert, routiniert, gleichmäßig und geschickt, lässt sich nicht ablenken, auch wenn jemand sie anspricht

Standhalten

Bleibt über längere Zeit konzentriert dabei, arbeitet, bis der Rahmen voll ist, es gelingt ihr ein gleichmäßiges Webstück

Sich ausdrücken

Äußert sich nicht verbal während des Webens, durch Körpersprache/Gestik/Mimik wirkt sie zufrieden (lächeln, streicheln der Wolle)

Lerngemeinschaft/Verantwortung übernehmen

Geht auf kein Gespräch ein, tauscht sich nicht mit den anderen aus. Würft nur anfangs einen Blick auf die anderen (ihre Webarbeiten?), räumt abschließend selbstständig auf

Lernfelder/Bildungsbereiche

Sehr ausgeprägt: Feinmotorik, Geschick, Auge-Hand-Koordination, Konzentration, Ausdauer, Geduld

Weitere Schritte/Impulse

- Beobachten, was sie mit dem Webstück machen will
- Anbieten, mit langfaseriger Wolle zu weben, da sie offenbar weiches Material mag.

ISBN 978-3-8346-3677-5 | www.verlagruhr.de

Beobachten und Auswerten 25

Auswertung der Beobachtung nach Dispositionen

Name des Kindes

Datum/Uhrzeit

Beobachterin

in Absprache mit

Zur Beobachtung vom

um

Interessiert sein

Engagiert sein

Standhalten

Sich ausdrücken

Lerngemeinschaft/Verantwortung übernehmen

Lernfelder/Bildungsbereiche

Weitere Schritte/Impulse

ISBN 978-3-8346-3677-5 | www.verlagruhr.de

Protokoll: Eingewöhnung

Name des Kindes Tim **Aufnahme am** 26.07.2017

Datum/Uhrzeit	Situation/Verhalten	Beobachterin
24.08.2017 9.00 bis 9.45	Mutter hat Tim kurz verabschiedet, keine Tränen Tim ging zielstrebig zur Spielküche und spielt dort seitdem mit Carlotta und Nils, lacht viel und wirkt zufrieden und fröhlich	Verena B.
24.08.2017 11.15 bis 11.30	Tim weint seit 15 Minuten. Er scheint sehr müde zu sein, gähnt, hat kleine glasige Augen. Verlangt nach seiner Mama (die wir schon verständigt haben.) Er möchte sich nicht hinlegen, nicht auf den Schoß. Lässt sich von mir nicht beruhigen. Sitzt alleine auf dem Sitzkissen am Fenster und weint still, schluchzend vor sich hin.	Verena B.
25.08.2017 8.45 bis 9.15	Tim konnte sich nur schwer von seiner Mutter lösen, hat ein bisschen geweint, geschmust und die Mutter musste sich anstrengen, das Abschiedsritual beizubehalten. Doch nach dem Winken und Küsschen zuwerfen ist Tim zu Nils an den Maltisch gegangen und hat ihm beim Zeichnen zugesehen. Tim hat sich einen Kugelschreiber genommen und in ein Malbuch gekritzelt. Die haben viel gelacht und gekichert und Tim wirkte recht zufrieden und vergnügt.	Verena B.

ISBN 978-3-8346-3677-5 | www.verlagruhr.de

Protokoll: Eingewöhnung

Name des Kindes Aufnahme am

Datum/Uhrzeit	Situation/Verhalten	Beobachterin

ISBN 978-3-8346-3677-5 | www.verlagruhr.de

Lerngeschichten schreiben

Checkliste – Lesbar schreiben

Ansprechend schreiben

- Standardsprache verwenden (= Hochdeutsch)
- Adjektive sparsam, bewusst und treffend einsetzen
- Verben wählen, die genau das aussagen, was gemeint ist
- im Aktiv schreiben
- lieber Verben benutzen, als Tätigkeiten in Substantive zu verwandeln („Pia rutscht gerne" anstatt „Das Benutzen der Rutsche macht Pia Spaß")
- klares, einfaches Deutsch schreiben, ohne Fremd- und Fachwörter oder Anglizismen
- allgemeine oder dauerhafte Beobachtungen in der Gegenwart schreiben
- Beobachtungen und Handlungen, die zurückliegen, im Perfekt (2. Vergangenheit) schreiben
- Wiederholungen vermeiden
- kurze, einfache Sätze mit längeren Sätzen variieren, aber auf lange Schachtelsätze und Infinitiv verzichten
- bei Lerngeschichten das Kind direkt ansprechen
- möglichst objektiv schreiben, d.h., auf Interpretationen verzichten (notfalls schreiben: „Ich denke ..." oder eine Frage stellen)
- kindgerecht, aber nicht kindlich oder kindisch formulieren

Satzzeichen

- Satzzeichen nutzen, um den Inhalt zu strukturieren und das Lesen zu erleichtern
- am Ende eines Satzes einen Punkt setzen
- sparsam mit Ausrufezeichen umgehen
- den Text laut vorlesen, um ein Gefühl für die Wahl der Satzzeichen zu bekommen
- im Zweifel im Duden nachschlagen (oder unter www.duden.de)

Formulierungshilfe für Lerngeschichten

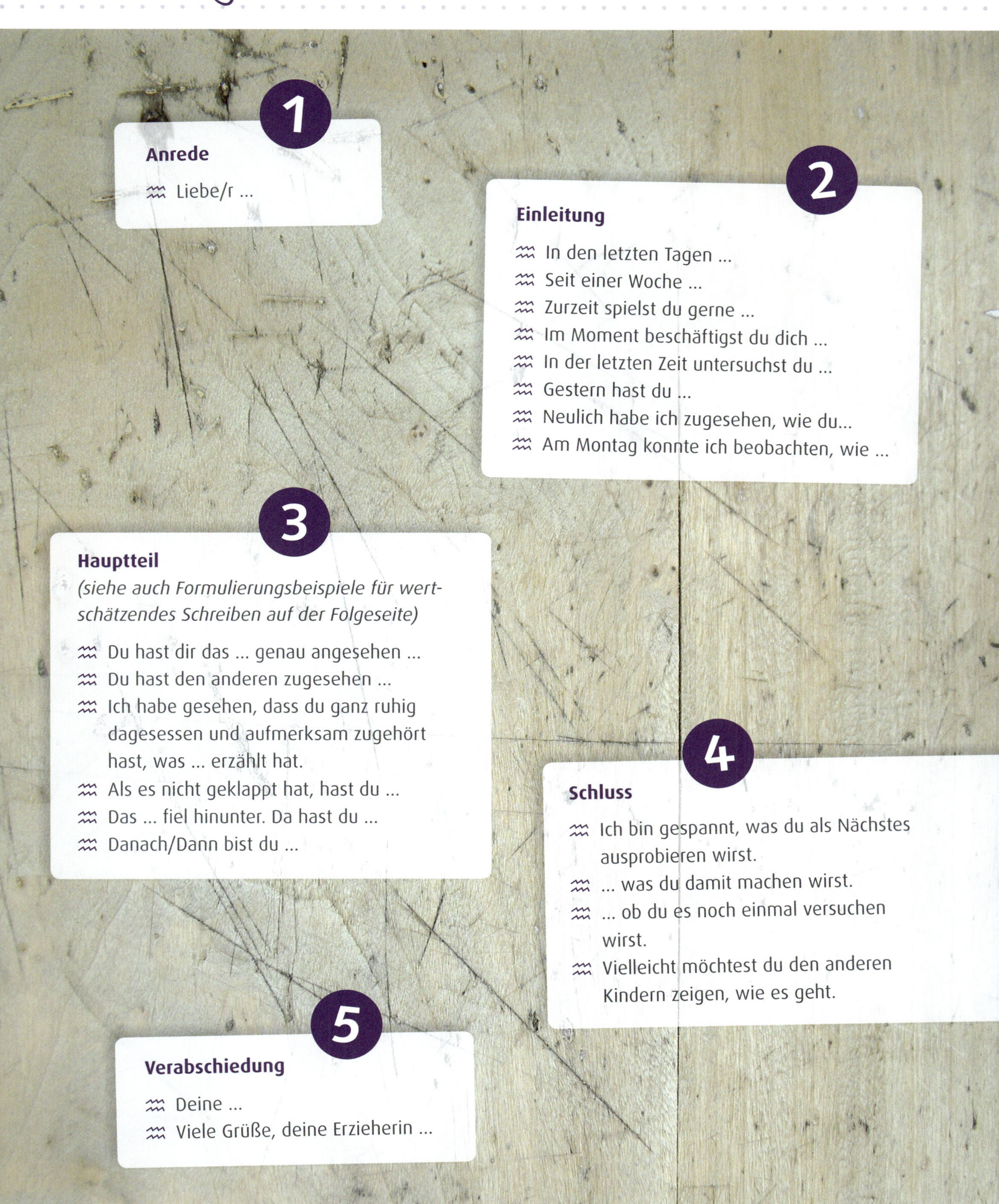

Formulierungsbeispiele für wertschätzendes Schreiben

Mit Ihrem Brief bzw. der Lerngeschichte möchten sie das Kind motivieren, weiterzulernen, und ihm zeigen, dass Sie sein Tun, seine Interessen, seine Bedürfnisse, Gefühle und seine Entwicklung wahrnehmen. Schreiben Sie auf, was Sie sehen, interpretieren und werten Sie nach Möglichkeit nicht (auch nicht loben). Fragen Sie lieber im Zweifelsfall nach oder schreiben Sie, dass Sie etwas vermuten.

Formulieren Sie Ich-Botschaften, um mitzuteilen, was Sie gesehen haben, und vermeiden Sie Verallgemeinerungen.
Legen Sie den Fokus auf positive Bemerkungen, um das Kind zu motivieren. Achten Sie auf Stimmungen, Mimik und Gestik des Kindes und nehmen Sie auch die Reaktionen der anderen Kinder einer Gruppe wahr.

Was Sie beobachten	Wie Sie es wertschätzend formulieren können
Das Kind räumt seinen Platz ohne Aufforderung allein und ordentlich auf.	Als du fertig warst, hast du deinen Platz ganz alleine aufgeräumt. Du hast alle Schnipsel in den Papierkorb geworfen und die Schere und Stifte in das Regal geräumt.
Das Kind versucht, seine Jacke anzuziehen, es gelingt erst nach mehreren Versuchen.	Ich habe gesehen, dass du deine Jacke alleine angezogen hast. Ich glaube, das war schwierig, weil der Ärmel sich innen drin versteckt hat. Du hast es aber immer wieder versucht und nicht aufgegeben, bis du beide Arme in die Ärmel stecken konntest.
Das Kind sitzt auf einem Stuhl, tut nichts, schaut den anderen zu.	Du hast auf einem Stuhl gesessen und zu den Kindern auf dem Bauteppich geschaut. Hast du die Kinder beobachtet?
Das Kind kommandiert die anderen Kinder in der Puppenecke herum, führt das Spiel an. Die anderen, jüngeren Kinder machen mit.	Du hast in der Puppenecke mit Julian, Margret und Sonja gespielt. Du hast dir ausgedacht, dass ihr eine Familie seid, und es den drei jüngeren Kindern so erklärt, dass sie mitspielen konnten. Du warst der Vater und hast alle Regeln bestimmt. Die anderen Kinder haben die Regeln angenommen und sich nicht beschwert, auch wenn du streng warst. Manchmal habt ihr zusammen gelacht und gekichert. Ich glaube, ihr hattet eine schöne Spielzeit zusammen.
Das Kind wäscht sich die Hände und lässt Wasser ins Becken ein. Es spielt dort weiter mit dem Wasser.	Beim Händewaschen hast du heute ganz selbstständig die Seife genommen und dir gründlich alle Finger gewaschen. Es ist viel Schaum entstanden, den du immer wieder zwischen den Handflächen verrieben hast. Dann hast du den Schaum abgewaschen und zugesehen, wie er im Ausguss verschwindet. Du hast dir den Stöpsel genommen und den Ausguss damit verschlossen. Der Wasserhahn lief immer noch und so war das Becken bald ziemlich voll mit Wasser. Da hast du den Hahn zugedreht. Du hast deine Hände im Wasser bewegt. Was hast du gesehen und wie hat es sich angefühlt? Nach einer Weile hast du das Wasser abgelassen und zugesehen, wie es abfließt. Das Wasser hat sich gekringelt. Du hast es mir gezeigt und mir davon erzählt.

Einverständniserklärungen, Vereinbarungen

Name des Kindes

Einverständniserklärung für	Überreicht am	Unterschrieben erhalten am	Erlaubnis: Privat	Erlaubnis: In der Kita	Erlaubnis: Öffentlich	Anmerkungen
Portfolio/Lerngeschichten						
Tonaufnahmen						
Filme						
Fotografien						

ISBN 978-3-8346-3677-5 | **www.verlagruhr.de**

Tipps für Kinder-Fotos

Welche Kamera?

Um die Werke der Kinder oder die Kinder selbst in verschiedenen Momenten zu fotografieren, benötigen Sie eine funktionierende Kamera. Ideal ist eine **Spiegelreflexkamera**, die auch mit schwachen Lichtverhältnissen gut zurechtkommt. Sie liefert auch im Auto-Modus meist perfekte Ergebnisse und bedarf keiner großen Fotografierkunst. Die Bilder sind so hochauflösend (d.h., sie enthalten so viele Pixel), dass auch eine großformatige Abbildung noch eben und scharf aussieht. Eine **Kleinbild-Digitalkamera** kann ebenfalls im Auto-Modus gute Bilder schießen, hat allerdings wegen der geringeren Ausmaße und der minimaleren technischen Ausstattung reduzierte Möglichkeiten, weniger Lichtstärke und eine geringere Brennweite. Im Zweifelsfall reicht aber eine **Smartphone-Kamera** mit einer einigermaßen hohen Pixelauflösung. Ein externer Blitz ist meist nicht nötig, sofern einigermaßen helle Lampen oder Tageslicht vorhanden sind. Allerdings müssen Sie darauf achten, nah genug an das Motiv heranzugehen.

Tipp für die Anschaffung:
Achten Sie darauf, dass die neue Kamera eine Videofunktion hat, evtl. auch mit einer Audio-Aufnahmemöglichkeit (Mikrofoneingang oder eingebautes Mikrofon). So können Sie für digitale Portfolios und andere Zwecke gleich kleine Filme mit Ihrer Kamera drehen.

Tipps zum Fotografieren

- Fotografieren Sie bei ausreichenden Lichtverhältnissen (Tageslicht oder weiße Lampen).
- Begeben Sie sich in Augenhöhe der Kinder, bevor Sie knipsen – gehen Sie in die Knie, setzen Sie sich auf den Boden …
- Wenn Sie Bilder oder Gegenstände fotografieren, gehen Sie etwas weiter weg und zoomen Sie das Objekt nah heran. So erreichen Sie, dass später auf dem Foto die Kanten gerade und im Winkel bleiben.
- Achten Sie auf einen neutralen Hintergrund. Objekte und Bilder sollten möglichst vor einfarbigem Hintergrund geknipst werden, der nicht ablenkt. Nutzen Sie für Kinderfotos den Zoom oder eine große Blende, um den Hintergrund verschwimmen zu lassen.
- Achten Sie auf Schatten im Gesicht und auf Ihren Schatten im Bild!
- Achten Sie darauf, nie gegen Licht zu fotografieren (außer es ist eine kunstvolle gewollte Gegenlicht-Aufnahme). Im Gegenlicht erscheinen alle Farben dunkler oder sogar schwarz. Nutzen Sie im Zweifelsfall den Blitz, um den Vordergrund aufzuhellen.

Außerdem sollten Sie folgende Tipps beachten:

- Fotografieren Sie die Kinder möglichst mehrmals in der gleichen oder ähnlichen Situation, um die Entwicklungsschritte zu dokumentieren.
- Fotografieren Sie die Kinder möglichst, ohne sie zu stören – Kinder, die sich unbeobachtet fühlen, verhalten sich natürlicher und ungezwungener.

Bilder be- und verarbeiten

Fertige Fotos werden **am PC** bearbeitet. (Alternativ können Sie die Bilder auch in einer Drogerie an einem Fotoautomaten bearbeiten und ausdrucken, dann überspringen Sie einfach diese folgenden zwei Absätze.) Je nach Betriebssystem Ihres Computers haben Sie vermutlich eine vorinstallierte **Bildbearbeitungs-Software**. Bei Windows 10 ist das aktuell die App „Fotos“, bei Apple-Computern ist es „iphoto“. Für Linux gibt es je nach Benutzeroberfläche verschiedene Programme, die hier nicht näher erläutert werden können. Die einfachen Programme sind zum einen dazu da, die Bilder übersichtlich ansehen und ordnen zu können. Sie haben hier gut handhabbare Möglichkeiten, Bilder umzubenennen und zu löschen. Aber Sie können auch die wichtigsten Bearbeitungen vornehmen. Dafür gibt es meist eine Funktion, die z. B. mit einem Zauberstab gekennzeichnet ist. Hier werden Verbesserungen nach einem Strandardschema durchgeführt. Das Bild wird meist etwas aufgehellt, geradegerückt und die Farben etwas angepasst. Reicht Ihnen das nicht aus, können Sie das Bild noch zuschneiden, drehen und sogar störende Stellen, Punkte, Lichtblitze usw. entfernen.

Um die Bilder in die Portfolios zu bekommen, müssen Sie sie **ausdrucken**. Jeder einfache Farbdrucker oder mit einem Computer verbundene Farbkopierer reicht dafür aus. Achten Sie darauf, die Größe der Bilder anzupassen, die Farben in einer normalen, „echten“ Form wiederzugeben, und sorgen Sie dafür, dass immer ausreichend Tinte jeder Farbe im Drucker ist. Als Papier eignet sich ein normales Kopierpapier mit 80 g/m^2 oder etwas dickeres. Schön ist, wenn das Papier eine glatte Oberfläche hat, die wenig saugt. Dieses Präsentations- oder Fotopapier ist etwas teurer.

Verwenden Sie zum **Einkleben** einen speziellen Fotokleber oder Klebstift, der dafür geeignet ist. Viele Klebstoffe greifen die Farbe oder auch das Papier an, sodass die Fotos nach einigen Monaten nicht mehr zu erkennen sind. Kinderkleber mit Wasser als Basis sind tabu, da sie das Papier aufweichen. Spezielle Doppelklebebänder für Fotos gibt es auf Abrollern, sodass auch die Kinder selbst damit gut arbeiten können, ohne Lösungsmitteln von Klebstoffen ausgesetzt zu werden.

Wichtig: Denken Sie daran, eine Fotoerlaubnis von den Eltern einzuholen, auch wenn die Fotos später nur in die eigenen Portfolios der Kinder eingeklebt werden!

Lerngeschichte: Eingewöhnung

Lieber Tim,

nun bist du schon seit vier Wochen bei uns in der Krippe. Am Anfang ist deine Mama noch mitgekommen und ihr habt euch zusammen alles angesehen. Du hast die Kinder kennengelernt und manchmal schon alleine mit Nils und Carlotta gespielt.

Als du zum ersten Mal alleine bei uns warst, bist du gleich in die Spielküche gegangen und hast mit Carlotta und Nils gekocht und viel gelacht. Erinnerst du dich daran?

Später wurdest du müde, da wolltest du lieber nach Hause zu deiner Mama. Es hat ein bisschen gedauert, bis sie dich abgeholt hat. So lange hast du auf sie gewartet und dann hast du dich sehr gefreut, als du sie gesehen hast.

Am nächsten Tag bist du wieder gekommen und wir haben uns alle gefreut, dich zu sehen. Du hast noch mit deiner Mama gekuschelt und dich verabschiedet. Als du Nils gesehen hast, bist du zu ihm gelaufen. Er hat etwas gemalt. Du hast erst ein bisschen zugesehen. Dann hast du dir auch einen Stift genommen und in einem Malbuch gezeichnet. Auf dem Foto kann man sehen, wi du das machst.

Vielleicht magst du morgen mal die bunten Wachskreiden ausprobieren und damit ein Bild malen.

Ich freue mich, wenn du morgen wieder kommst!

Deine Verena

27. August 2017

46 So gelingen Bildungs- und Lerngeschichten in Kita und Krippe

ISBN 978-3-8346-3677-5 | www.verlagruhr.de

Lerngeschichte: Freispiel

5. November 2016

Liebe Emma,

heute habe ich dir beim Spielen zugesehen. Zuerst hast du dich auf die großen Kissen gesetzt und ein Bilderbuch angesehen. Du hast schnell durchgeblättert und es wieder aufgeräumt. Kanntest du es schon?

Julian kam zu dir und hat gefragt, ob du mit ihm Verstecken spielen willst. Er hat sich die Augen zugehalten und laut gezählt. Da bist du schnell losgelaufen und hast gleich ein gutes Versteck gefunden: den langen, weißen Vorhang, der vor dem Fenster hängt. Julian hat gerufen: „Ich komme!" und dich gesucht. Du bist ganz still dagestanden. Der Vorhang hat sich gar nicht bewegt. Da musste Julian lange suchen, um dich zu finden.

Als Julian ganz nah zum Vorhang hingegangen ist, hast du ihn zur Seite gehalten und „Hallo!" gesagt. Julian hat sich ein bisschen erschrocken, aber gleich gelacht. Und du hast auch gelacht, ganz doll. Das war richtig lustig anzusehen.

Du hast dich dann noch ein bisschen an den Vorhang gekuschelt und ihn um dich herumhängen lassen. Wie hat sich das angefühlt? Ich habe gedacht, dass es sehr lustig sein muss, denn du hast so viel gelacht.

Dann hat Marion gerufen, dass du kommen sollst. Du wolltest noch mit ihr eine Laterne basteln.

Ich schaue dir bald wieder beim Spielen zu und bin schon gespannt, was du dann ausprobieren und entdecken wirst.

Schön, dass du so fröhlich bist!

Deine Lili

Lerngeschichte: Bald bist du Schulkind

Liebe Lydia,

du bist jetzt schon drei Jahre hier bei uns im Kindergarten an der Würm und bei mir in der Gruppe „Rote Zwerge". In dieser Zeit hast du so viel gelernt und erlebt. Ich bin froh, dass ich dich dabei begleiten durfte!

In diesem Jahr bist du Vorschulkind, denn nächsten Herbst kommst du in die Schule. Freust du dich darauf? Ich denke manchmal, dass du jetzt schon fast ein Schulkind bist, denn du bist schon sehr selbstständig und kannst Verantwortung für dich und andere übernehmen. Du interessierst dich für viele Dinge und wenn du etwas machst, lässt du dich gar nicht ablenken, bis du fertig bist. Deinen Namen schreibst du schon lange in schönen, gleichmäßigen Buchstaben. Die anderen Kinder lieben es, wenn du mit ihnen Bilderbücher ansiehst und dazu erzählst.

Gestern hast du Sterne für unsere Weihnachtsdekoration gebastelt. Es war deine Idee und du hast dir selbst das Material dafür gesucht. Ich fand es beeindruckend, dass du noch auswendig wusstest, wie der große Stern geht, den wir letztes Jahr zusammen gelernt haben. Du hast gleich mehrere davon gebastelt und später auch Mia und Victoria gezeigt, wie es geht. Die Sterne sehen richtig schön aus!

Ich freue mich auf weitere schöne Tage und Wochen mit dir und wünsche dir schöne Weihnachtstage mit deiner Familie!

Deine Marion

Bildergeschichte: Victoria

Andere Aufzählung, besser: Heute hast du mit Jana ...

Bildergeschichte

Name des Kindes Victoria **Datum** 28.03.17

Beobachterin Inge Schmidt

Heute haben du und Jana und Sophie zusammen gewebt. Jana hat sehr ausführlich von ihrer Ballettstunde erzählt und wie lustig es war. Dabei hat sie das Weben ganz vergessen. Du fandst ihre Geschichte lustig. Aber weben macht dir Spaß und deshalb hast du weitergewebt.

Was Jana macht, ist nicht relevant. Nur wie es V. beeinflusst, ist wichtig (lässt sich nicht ablenken)

Interpretation – weiß man nicht

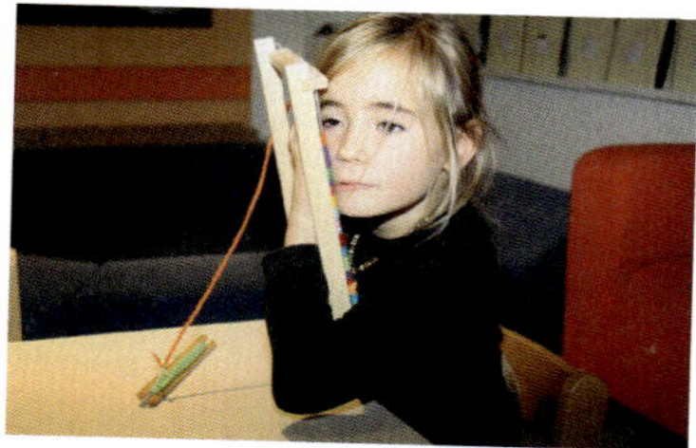

Ui, das ist kuschelig! Du hast dir voll schöne, weiche Wolle ausgesucht!

Lieber Fragen, ob sich das kuschelig anfühlt, weil man es nicht weiß.

Umgangssprache

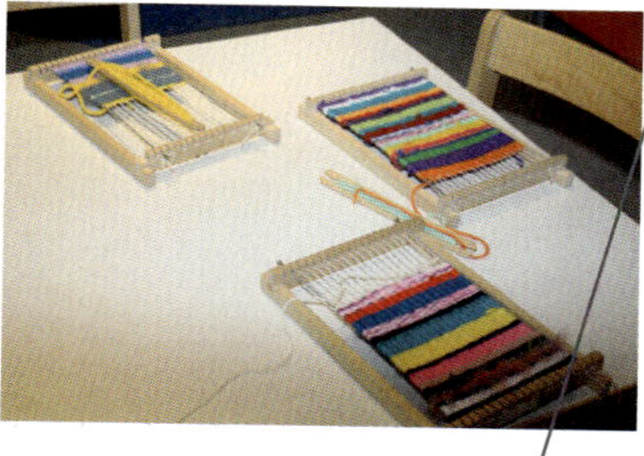

Echt cool, du bist schon fertig! Als Erste hast du deine Webarbeit fertig! Du warst viel schneller als Sophie und Jana, darauf kannst du stolz sein. Ich finde, du hast echt schön gewebt. Am besten machst du aus dem Webstück irgendetwas wie eine süße Tasche oder so.

Zu viele Ausrufesätze.

Der Vergleich setzt die anderen herab.

© Verlag an der Ruhr | Autorin: Yvonne Wagner | ISBN 978-3-8346-3677-5 | www.verlagruhr.de

Lerngeschichten schreiben 39

Umgangsprache/ Anglizismus

Lieber fragen, was das Kind machen möchte, und Hilfe anbieten. So nimmt man die Idee vorweg.

Bildergeschichte: Victoria

Bildergeschichte

Name des Kindes Victoria **Datum** 28.03.17 **Uhrzeit** 10.45

Beobachterin Inge Schmidt

Heute hast du mit Jana und Sophie gewebt. Jana hat etwas erzählt und ich glaube, du hast ihr zugehört. Dabei hast du aber nie aufgehört zu weben. Du kannst sehr geschickt weben! Immer wieder ziehst du mit dem Kamm die Reihen fest, sodass eine gleichmäßige Webarbeit entsteht.

Wie fühlt sich dein Webstück an? So wie du hier schaust, ist es bestimmt schön weich und kuschelig.

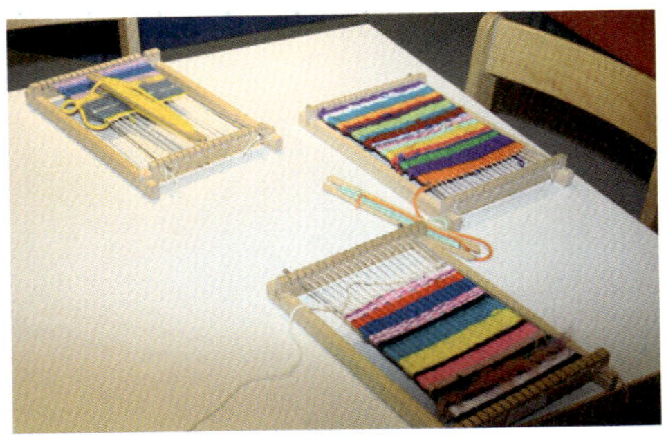

Magst du, was du gewebt hast? Ich finde, du hast dir sehr viel Mühe gegeben und man sieht, dass du darauf geachtet hast, welche Farben zusammen schön aussehen. Du hast dich von nichts ablenken lassen und bist daher schon fertig mit deiner Webarbeit. Was wirst du damit machen?

ISBN 978-3-8346-3677-5 | www.verlagruhr.de

Lerngeschichten schreiben 39

Bildergeschichte

Name des Kindes **Datum**

Beobachterin

ISBN 978-3-8346-3677-5 | **www.verlagruhr.de**

– Brief an Victoria: Form

Das Papier mit den kräftigen Karos ist als Briefpapier nicht gut geeignet, weil es zu sehr in den Vordergrund rückt.

Das Datum fehlt!

Die Handschrift ist unleserlich und schlampig. Hier könnte die Autorin versuchen, kleiner und ordentlicher zu schreiben sowie etwas mehr Platz zwischen den Zeilen zu lassen. Alternativ kann sie den Text auch am PC tippen und gestalten.

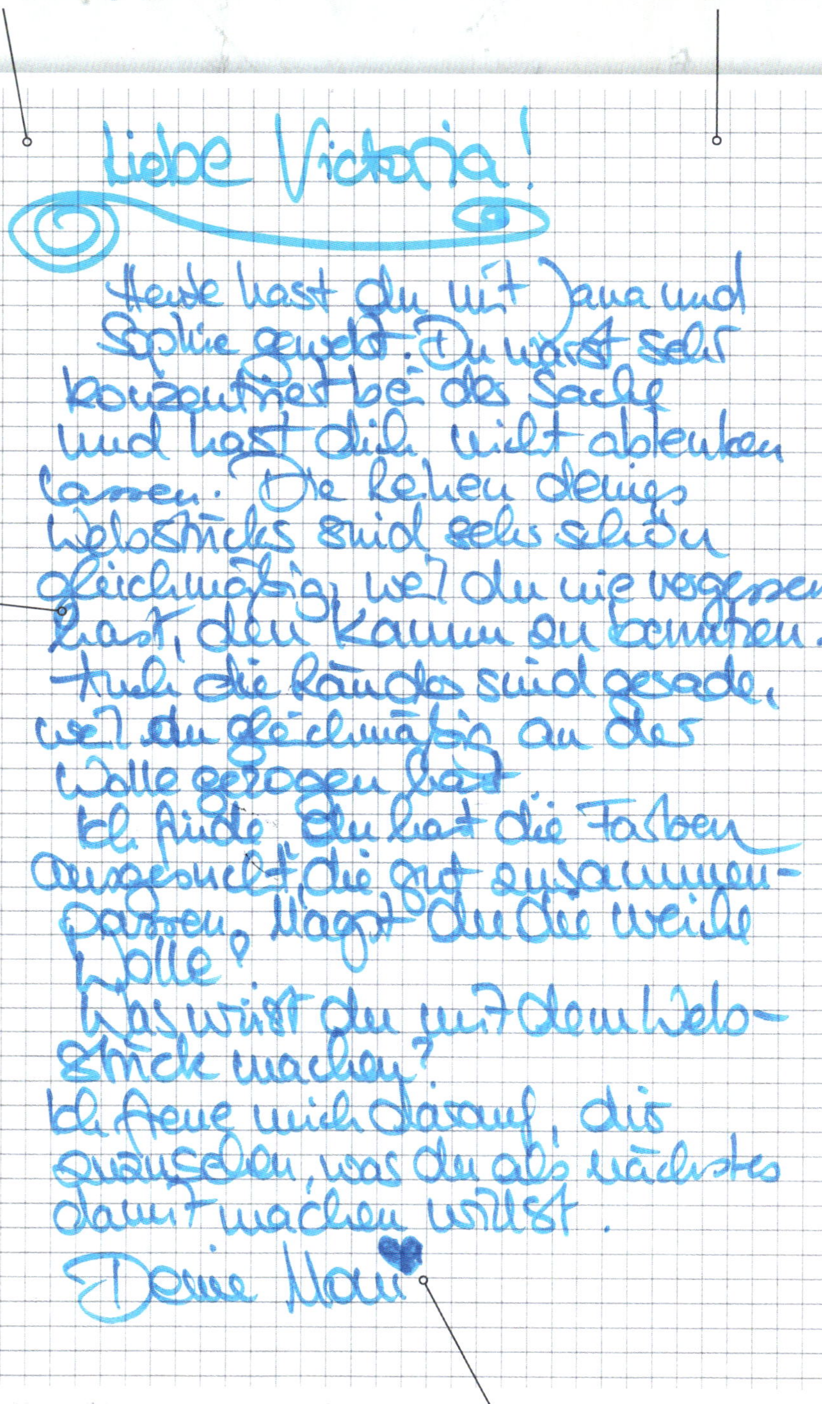

Liebe Victoria!

Heute hast du mit Jana und Sophie gewebt. Du warst sehr konzentriert bei der Sache und hast dich nicht ablenken lassen. Die Reihen deines Webstücks sind sehr schön gleichmäßig, weil du nie vergessen hast, den Kamm zu benutzen. Auch die Ränder sind gerade, weil du gleichmäßig an der Wolle gezogen hast.

Ich finde, du hast die Farben ausgesucht, die gut zusammenpassen. Magst du die weiche Wolle?

Was wirst du mit dem Webstück machen?

Ich freue mich darauf, dir zuzusehen, was du als nächstes damit machen willst.

Deine Nau

Die Gestaltung ist sehr einfach, wirkt etwas schlampig, nachlässig, ja sogar lieblos. Da nützt auch das Herzchen nichts.

Brief an Victoria: Sprache

Anrede ist etwas zu umgangssprachlich und eigentlich englisch. Sie passt, wenn Vicky tatsächlich Englisch spricht oder ihr Spitzname so lautet.

Dialekt/Umgangssprache

Hi Vicky! 14.11.2016

Heut hab ich zugschaut, wie du und Jana und Sophie gewebt haben. Die Jana hat total viel gequatscht, aber du hast dich gar nicht ablenken lassen. Du hast voll konzentriert gewebt. Dein Webstück ist mega gerade geworden. Ich hab gesehen, dass du voll oft den Kamm benutzt hast, um die Reihen zusammenzuschieben. Du warst total schnell fertig. Ich finde, du hast echt schöne Farben ausgesucht, die krass weiche Wolle dazu ist auch toll.

Weißt du schon, was du aus dem Webstück machen willst?

Ich bin echt gespannt!

Bussi ♥ Deine Bini

wirkt abwertend, besser: hat etwas erzählt

Superlative, außerdem in Umgangssprache, sind unpassend und überflüssig (im Gespräch kann die Erzieherin dann ja so sprechen, aber schreiben sollte sie möglichst neutral).

Wertung

Ein persönliches Bussi passt nicht in einen Brief, der ins Portfolio geheftet wird.

Brief an Nils

Die Abbildung des Fahrzeugpuzzles erfolgt mit freundlicher Genehmigung der Ravensburger Verlag GmbH.

Lieber Nils,
heute habe ich dir eine Weile beim Spielen zugesehen. Du hast gesagt: „OK" und bist zum Spieleregal gegangen. Dort hast du dir alle Spiele angesehen. Du hast dir ein Puzzlespiel rausgenommen, das mit den Autos, und dich damit an einen Tisch gesetzt. Die Autobilder bekommt man nur schwer heraus. Aber du wusstest, dass unten Löcher in den Auto-Schablonen sind und hast einfach einen Finger reingesteckt. So konntest du die Autoteile einfach abnehmen.
Ich fand es interessant, dass du das Spiel nicht einfach umgedreht hast, sondern die Lösung wusstest, die für das Puzzle vorgesehen ist. Hat es dir Spaß gemacht, die Autos herauszunehmen? Du hast so fröhlich dabei ausgesehen.
Du hast alle Teile mit den Reifen nach unten neben das Puzzlefeld gelegt und sie dann nacheinander eingesetzt. Manchmal hast du ein Auto über die Schablone gehalten. Ich glaube, da hast du die Formen verglichen.
Nach wenigen Minuten hattest du alle Autos in Puzzle gesetzt. Du hast das Ergebnis angesehen und das Spiel wieder aufgeräumt.
Es freut mich zu sehen, wie konzentriert und geduldig du Puzzle spielst. Du wirkst dabei glücklich, das ist schön!

Deine Monika

24.03.2017

44 So gelingen Bildungs- und Lerngeschichten in Kita und Krippe

© Verlag an der Ruhr | Autorin: Yvonne Wagner | ISBN 978-3-8346-3677-5 | www.verlagruhr.de

Post für dich

© Verlag an der Ruhr | Autorin: Yvonne Wagner |
ISBN 978-3-8346-3677-5 | **www.verlagruhr.de**

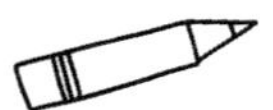

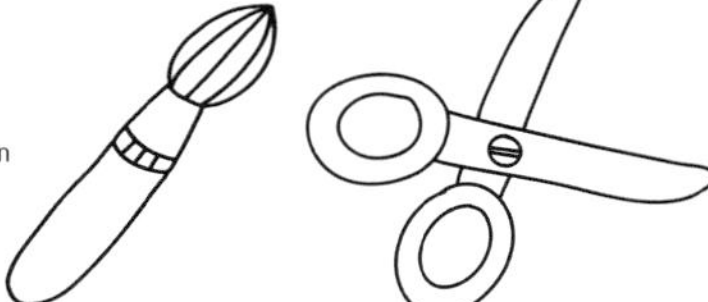

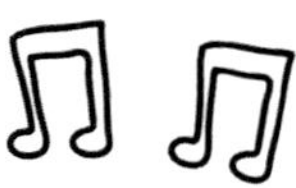

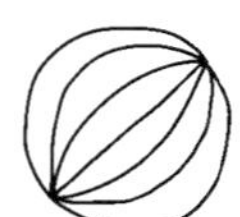

ISBN 978-3-8346-3677-5 | www.verlagruhr.de

Post für dich

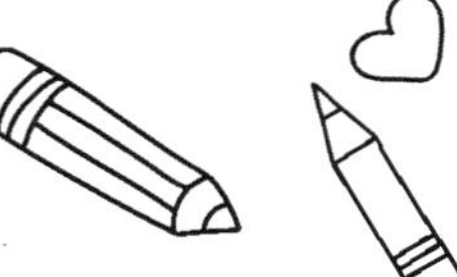

ISBN 978-3-8346-3677-5 | **www.verlagruhr.de**

Post für dich

© Verlag an der Ruhr | Autorin: Yvonne Wagner |
ISBN 978-3-8346-3677-5 | www.verlagruhr.de

Post für dich

ISBN 978-3-8346-3677-5 | **www.verlagruhr.de**

Post für dich

ISBN 978-3-8346-3677-5 | **www.verlagruhr.de**

Seiten für das Portfolio

Lerngeschichten schreiben Sie vermutlich für die **Portfolios** der Kinder oder ähnliche Dokumentationsformen. In diese Ordner oder Mappen können Sie viele **weitere anschauliche Dokumente** heften, die aufzeigen, wie ein Kind sich weiterentwickelt, welche Ziele es sich vornimmt, was es schon kann usw. Das Wichtigste dabei sind generell Ihre **Kommentare** und die des Kindes. Das heißt, es ist ganz egal, ob es sich um eine Bildergeschichte (Bilder und Text) handelt, eine ausgefüllte Kopiervorlage oder ein gemaltes Bild, immer zählt der Kommentar über das, was passiert ist, was Sie beobachtet haben, was das Kind erlebt, gelernt hat und was es daraus für Schlüsse zieht.

Folgende Kopiervorlagen sollen Ihnen die Arbeit erleichtern und Sie ermuntern, gemeinsam mit den Kindern zu dokumentieren, was sie erleben und lernen. Es gibt immer Platz für ein Foto des Kindes oder seines Werkes, für eine Zeichnung oder auch für eine ganze Bilderserie. Vergessen Sie nicht, festzuhalten, wer die Seite mit dem Kind erstellt hat und wann dies passiert ist. So können die Kinder und Eltern auch später noch sehen, wann dieses Ereignis oder der Entwicklungsschritt stattgefunden hat.

Portfolioseiten, wie z. B. „Das will ich wissen", eignen sich hervorragend, um mit dem jeweiligen Kind ins Gespräch zu kommen und auch im Nachhinein zu reflektieren, ob es sein Ziel erreicht hat. Die Kinder können sich meist noch sehr gut an die jeweiligen Momente erinnern und sogar daran, was sie bewegt hat, genau das wissen oder können zu wollen, was Sie im Portfolio festgehalten haben.

Portfolio-Kopiervorlagen sollen bitte **nicht als frei verfügbare Zeitvertreibe** herumschwirren. Sie sind keine Ausmalbilder, sondern Hilfen, um die Entwicklung, Lernwünsche und -erfolge zu dokumentieren. Eine Gewissenhaftigkeit im Umgang damit hilft auch, die Kinder dafür zu sensibilisieren.

Die folgenden Seiten sollen Ihnen als **Anregung** dienen und die ersten Schritte erleichtern, Portfolios zu erstellen oder bestehende Portfolios zu erweitern. Fühlen Sie sich aber ermutigt, selbst Seiten zu erstellen und mit den Kindern frei zu gestalten. Wichtig sind stets der Inhalt und die Freude am gemeinsamen Austausch zwischen Erzieherin und Kind, nicht die strikte Einhaltung von Vorgaben und Reglements!

Was willst du lernen? – Mit den Kindern im Gespräch bleiben

Ein Portfolio beinhaltet nicht nur Ergebnisse, sondern beruht auf **konkreten Aufgabenstellungen** bzw. Zielsetzungen. Nach dem Beobachten eines Kindes und in Absprache mit Kolleginnen folgt die Schlussfolgerung bzw. das **Setzen neuer Ziele** für das Kind. Diese sollen so weit wie möglich vom Kind selbst bzw. in Absprache mit dem Kind überlegt werden.

Besprechen und **reflektieren Sie also mit dem Kind**, was Sie beobachtet haben, und erfahren Sie so, wie das Kind sich selbst sieht, wie es sein Lernen einschätzt und seine Entwicklungsschritte erlebt. Was will es nun lernen oder ausprobieren? Wo will es hin? Aufgrund dieser Erkenntnisse und derer von Eltern und Team lassen sich sinnvolle Ziele abstecken.

Im Gespräch mit dem Kind sind die Ziele womöglich sehr konkret: „Ich will lernen, meinen Namen zu schreiben." Oder aber weit gesteckt: „Ich will schreiben lernen." Im Team erarbeiten Sie **Handlungsmöglichkeiten für angestrebte Ziele** in den jeweiligen Bildungsbereichen. So wird aus dem Ziel: „Ich will lernen, meinen Namen zu schreiben" die Zielsetzung: Stifthaltung üben, Symbole exakt abzeichnen, Buchstaben kennenlernen, Linien nachfahren üben. Der Impuls zu einer „Lernidee" kam vom Kind. So kann die Erzieherin sich auch einfach hinsetzen und dem Kind seinen Namen vorschreiben. Das Kind kann anschließend selbstständig oder unter Aufsicht üben. Es gibt aber auch weitere Möglichkeiten, das Kind bei seinem Lernziel zu unterstützen, indem anhand der erarbeiteten Ziele Angebote gemacht oder weitere Impulse gegeben werden. So kann das Kind z. B. Übungsblätter bekommen, auf dem es Buchstaben nachfährt. Es kann Muster zeichnen und ein Bilderlexikon betrachten, um die Buchstaben mithilfe von Bildern kennenzulernen.

Kommentare von Kindern und Beobachtern

Eine Portfolioseite ohne persönlichen Kommentar wäre eher eine Seite für eine reine Sammelmappe, die zwar vielleicht schön und interessant sein mag, jedoch wenig Aufschluss über Erkenntnisse des Kindes oder Beobachtungen der Erzieherinnen gibt.

Besonders der **Kommentar des Kindes selbst** sollte nie fehlen. In den Kopiervorlagen in diesem Buch ist immer Platz dafür vorgesehen. Wenn Sie oder das Kind mehr zu sagen haben, nutzen Sie einfach die Rückseite des jeweiligen Blattes.

Achten Sie beim Schreiben der Kommentare darauf, sie auch im Wortlaut zu schreiben, ohne zu interpretieren.

Folgende Fragen helfen Ihnen, eigene Kommentare zu verfassen:

- Wie hat das Kind den Moment erlebt?
- Welche Erkenntnisse hat es gewonnen?
- Was hat es neu dazugelernt?
- Was hat es anders gemacht als sonst?
- Was hat es dazu geäußert?

Diese Fragen helfen Ihnen, Kommentare bei den Kindern zu erfragen:

- Was möchtest du zu dem Bild/Foto sagen?
- Was sollen wir für später aufschreiben?
- Was hat dir gefallen? Was hat dir nicht gefallen und warum?
- Woran erinnerst du dich besonders gut?
- Was willst du nächstes Mal anders machen und warum?
- Wie soll es weitergehen?

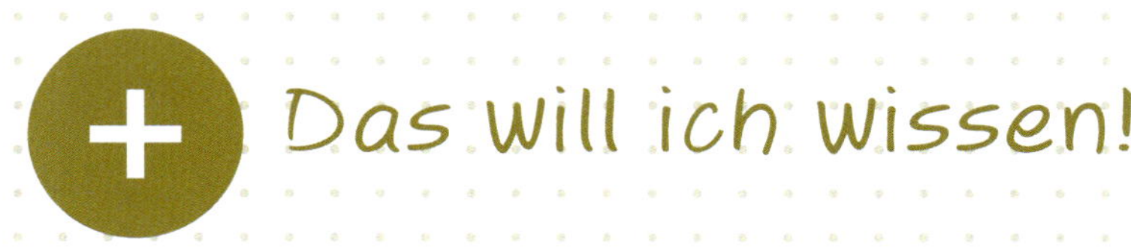

Das will ich wissen!

Name des Kindes Mia **Datum** 02.02.17 **geschrieben von** Laura

Das will ich wissen

Wie kriege ich es hin, dass die Folie knallt?

Darum will ich es wissen

Meine Geschwister springen drauf. Die Böbbel platzen. Ich finde das toll. Die haben viel Spaß und lachen.

So will ich es herausfinden

Ich hole mir so eine Folie aus dem Materialraum und dann probiere ich aus, was ich machen kann, damit die Dinger kaputtgehen.

ISBN 978-3-8346-3677-5 | www.verlagruhr.de

Das will ich wissen!

Name des Kindes **Datum** **geschrieben von**

Das will ich wissen

Darum will ich es wissen

So will ich es herausfinden

ISBN 978-3-8346-3677-5 | **www.verlagruhr.de**

Das habe ich herausgefunden!

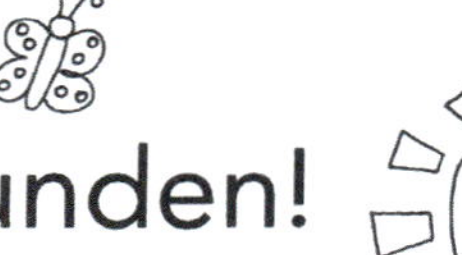

Das habe ich herausgefunden!

Name des Kindes Mia **Datum** 02.02.17 **geschrieben von** Laura

Das will ich wissen

Wie kriege iches hin, dass die Folie knallt?

Darum will ich es wissen

Weil meine Geschwister können das. Die haben immer viel Spaß, wenn sie die Folie kaputt knallen.

So habe ich es herausgefunden

Zuerst bin ich einfach auf die Folie gesprungen. Das war weich und rutschig. Aber es hat nicht geknallt.

Dann habe ich große Stiefel angezogen und bin drauf gehüpft. Das hat auch nicht geklappt.

Ich habe die Pikgarderobe genommen, die lauter Holzknubbel hat, und auf die Folie gelegt. Dann bin ich drauf-gesprungen und es hat sooo toll geknallt!

ISBN 978-3-8346-3677-5 | www.verlagruhr.de

Das habe ich herausgefunden!

Name des Kindes **Datum** **geschrieben von**

Das will ich wissen

Darum will ich es wissen

So habe ich es herausgefunden

ISBN 978-3-8346-3677-5 | **www.verlagruhr.de**

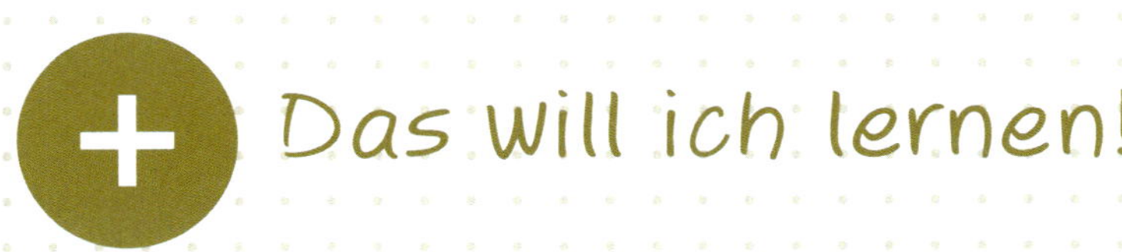

Das will ich lernen!

Name des Kindes Klara **Datum** 1.10.17 **geschrieben von** Evelin

Das will ich lernen

Was macht man eigentlich mit so einer Maus am Computer?

Darum will ich es lernen

Ich sehe die immer und hab sie noch nie ausprobiert. Weil daheim darf ich nur ans Tablet, wo man keine Maus hat.

So will ich es lernen

Ich will den Computer anmachen und die Maus ausprobieren.
Und ich frag die Lydia, ob sie mir hilft, weil die weiß schon, wie das geht mit dem Computer.

ISBN 978-3-8346-3677-5 | www.verlagruhr.de

Seiten für das Portfolio 57

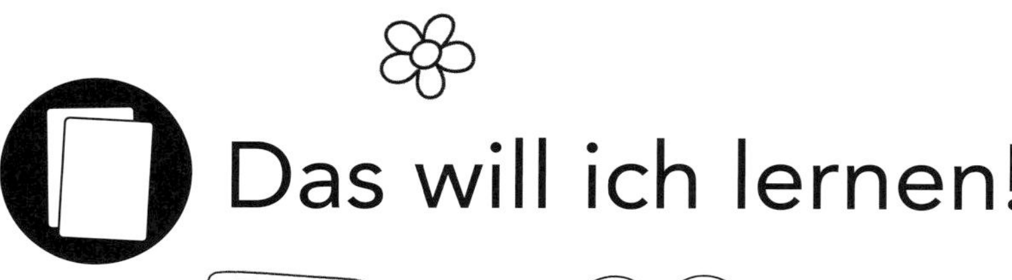

Das will ich lernen!

Name des Kindes **Datum** **geschrieben von**

Das will ich lernen

Darum will ich es lernen

So will ich es lernen

Icon Kopiervorlage: © Judith Tüch; alle anderen Illustrationen: © rudut2015 – Fotolia.com

ISBN 978-3-8346-3677-5 | **www.verlagruhr.de**

Das kann ich jetzt!

Das kann ich jetzt!

Name des Kindes Klara **Datum** 8.10.17 **geschrieben von** Evelin

Das kann ich jetzt

Ich kann jetzt eine Maus am Computer benutzen.

So habe ich es gelernt

Ich habe Lydia gefragt, ob sie mir hilft. Sie hat mir gesagt, wie ich den Computer einschalten muss. Das war leicht, ist ja nur ein Knopf. Dann habe ich einfach die Maus bewegt und gleich gemerkt, wie es geht. Lydia hat gesagt, was man mit der linken Seite machen muss. Das Lenken finde ich schwierig, man muss üben. Ich habe unser Lernspiel gespielt und bald konnte ich die Maus gut benutzen.

ISBN 978-3-8346-3677-5 | www.verlagruhr.de

Seiten für das Portfolio 59

Das kann ich jetzt!

Name des Kindes **Datum** **geschrieben von**

Das kann ich jetzt

So habe ich es gelernt

ISBN 978-3-8346-3677-5 | www.verlagruhr.de

Mit den Eltern für die Kinder

Ein Kind lernt ständig und überall. Daher ist es eine sinnvolle und interessante **Ergänzung** fürs Portfolio, **wenn auch Eltern Einträge schreiben**, die erzählen, wie sich das Kind zu Hause entwickelt. Nicht jede Mutter findet Zeit dafür, nicht jeder Vater fühlt sich imstande, eine Lerngeschichte zu schreiben. Doch mit etwas Anleitung und der richtigen Motivation werden sicher einige Eltern gerne einen **Beitrag zum Portfolio** leisten. Wichtig ist, dass die Eltern nicht unter Druck gesetzt werden, etwas schreiben zu müssen. Außerdem sollen sie keine Angst davor haben, etwas falsch zu machen. Machen Sie den Eltern lieber Mut und vermitteln Sie ihnen die Freude, die sie haben werden, wenn sie sich mithilfe der Beobachtung und Dokumentation noch intensiver mit ihrem Kind beschäftigen.

Falls möglich, sollten Sie bei einem **Elternabend** zum Portfolio bzw. zu Ihrer Dokumentationsform auch die Möglichkeiten erläutern, Beiträge von zu Hause beizusteuern. Eine **Kurzanleitung** für das Schreiben von Lerngeschichten sowie einige **Kopiervorlagen** auf den Folgeseiten unterstützen Sie dabei, Eltern an der Dokumentation der Entwicklung ihres Kindes zu beteiligen.

Ein **Merkblatt** mit kurzen Hinweisen zum Datenschutz und darüber, wie das Portfolio verwendet wird, kann helfen, Datenmissbrauch und Unstimmigkeiten vorzubeugen. Falls Sie später Portfolios an Lehrerinnen oder auch an Fachstellen (Heilpädagoginnen etc.) weitergeben möchten, müssen Sie dafür eine schriftliche Erlaubnis von den Eltern einholen. Da solch eine Erlaubnis sehr individuell geschrieben werden muss, finden Sie dazu hier keine Vorlage.

Liebe Eltern, gestalten Sie mit!

Liebe Eltern,

wie Sie wissen, führen wir für jedes Kind ein Portfolio, um die Entwicklung, Lernziele und -erfolge festzuhalten. Diese Mappen gestalten wir gemeinsam mit den Kindern und gerne auch mit Ihnen. Ihr Beitrag zum Portfolio kann aufzeigen, wie sich Ihr Kind zu Hause weiterentwickelt. Ihre Seiten ergänzen die Einträge aus der Kita und bieten so eine umfassende Dokumentation der Lernfortschritte und Interessen Ihres Kindes. Auch zu Hause gibt es sicherlich etwas, was Ihr Kind unbedingt ergründen oder lernen will. Finden Sie es heraus und protokollieren Sie im Portfolio, wie das Kind seinem Ziel näherkommt. Hierzu können Sie für Ihr Kind eine Blanko-Seite aus weißem oder farbigem Papier mit einem kurzen Text und evtl. einem Foto gestalten. Vielleicht möchte Ihr Kind auch selbst etwas malen oder gestalten. Vergessen Sie nicht, den Namen und das Datum dazuzuschreiben, damit die Erinnerung zeitlich eingeordnet werden kann. Tauschen Sie sich mit Ihrem Kind darüber aus, was Sie beobachten, fragen Sie nach und lernen Sie so Ihr Kind noch besser kennen. Dieses wertschätzende Interesse wird die Beziehung zu Ihrem Kind stärken und ihm helfen, ein gesundes Selbstwertgefühl zu entwickeln. Wir freuen uns darauf, mit Ihnen gemeinsam die Entwicklung Ihrer Kinder zu unterstützen, zu beobachten und zu dokumentieren.

Mit herzlichen Grüßen
Ihr Kita-Team

Merkblatt Dokumentation

Liebe Eltern,

wir beobachten die Entwicklung Ihres Kindes, seine Interessen, Lernwege und Fortschritte und dokumentieren unsere Beobachtungen in einem Portfolio. Diese „Sammelmappe" ist Eigentum Ihres Kindes und wird von uns sorgfältig aufbewahrt.

Das Portfolio enthält zahlreiche Seiten, gefüllt mit Geschichten, Bildern, Fotos und Berichten von Ihrem und über Ihr Kind.
Diese sensiblen Daten werden von uns bestmöglich geschützt.

Wir benötigen daher Ihr Einverständnis, falls wir diese Mappe jemandem zeigen möchten (Fachstellen, Lehrerinnen). Sie haben jederzeit die Möglichkeit und das Recht, das Portfolio Ihres Kindes einzusehen und kurzzeitig mit nach Hause zu nehmen.
Wir benötigen es allerdings durchgehend hier in der Einrichtung, um eine chronologische und vollständige Entwicklungsdokumentation zu gewährleisten.

Die Portfolios dienen den Kindern als Einblick in ihre eigene Entwicklung und geben uns die Möglichkeit, mit ihnen ins Gespräch zu kommen, um noch mehr über ihre Interessen und Bedürfnisse zu erfahren.

Regelmäßig mindestens 2-mal im Jahr möchten wir mit Ihnen Gespräche zur Entwicklung Ihres Kindes führen. Das Portfolio dient uns hierfür als Grundlage.

Mit freundlichen Grüßen

Ihr Kita-Team

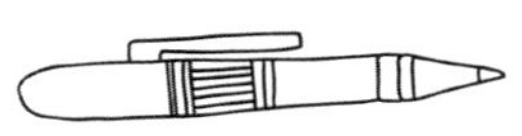

ISBN 978-3-8346-3677-5 | www.verlagruhr.de

Kurzanleitung zur Lerngeschichte für Eltern

Liebe Eltern,

wenn Sie eine Lerngeschichte oder eine Bildergeschichte für das Portfolio Ihres Kindes schreiben möchten, tun Sie es einfach! Jede persönliche Zeile für Ihr Kind ist eine Bereicherung und wird Ihr Kind erfreuen, sofern Sie ihm mit einer positiv gestimmten Haltung begegnen.

Fotografieren Sie Ihr Kind, wenn es etwas ausprobiert, etwas lernt und übt. So können Sie diese Fotos später mit Kommentaren versehen und für das Portfolio verwenden.

Zeigen Sie Ihrem Kind die Fotos und unterhalten Sie sich mit ihm darüber. Von Ihrem etwas älteren Kind werden Sie so vielleicht erfahren, was das Kind selbst erlebt hat und wie sich das Lernen oder Ausprobieren angefühlt hat. Folgende Fragen helfen dabei, mit dem Kind ins Gespräch zu kommen:

- Was hast du gemacht?
- Wie hast du es gemacht?
- Was hast du dafür benutzt oder gebraucht?
- Mit wem hast du es gemacht?
- Wie hat es sich angefühlt, das zu tun?
- Hast du es gern gemacht?
- Woher wusstest du, dass du fertig warst?
- Warst du zufrieden mit dem Ergebnis?
- Möchtest du es noch mal machen?
- Was würdest du anders machen?

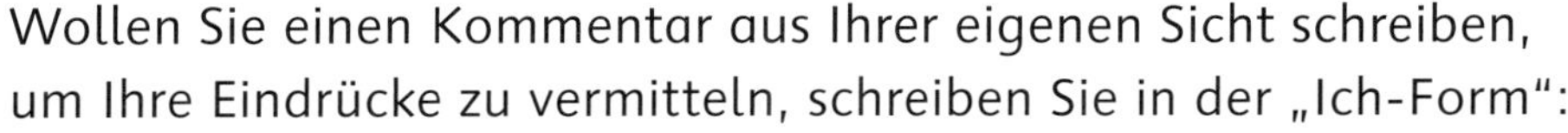

Wollen Sie einen Kommentar aus Ihrer eigenen Sicht schreiben, um Ihre Eindrücke zu vermitteln, schreiben Sie in der „Ich-Form“:

- Ich fühle …
- Ich denke …
- Ich spüre …
- Ich habe gesehen …

Grundsätzlich gilt beim Schreiben für Kinder:

- Vermeiden Sie Verschachtelungen, lange Sätze und Infinitivformen.
- Fassen Sie sich kurz und formulieren Sie klar.
- Schreiben Sie ganze Sätze.
- Verwenden Sie Satzzeichen.
- Sagen Sie etwas aus, das über die Beschreibung des Bildes hinausgeht.

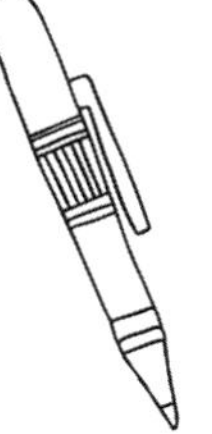

Wir helfen Ihnen gerne weiter, wenn Sie noch Fragen haben.
Herzliche Grüße, Ihr Kita-Team

Name des Kindes Marius Patrunki

Anwesende Frau Patrunki (Mutter), Herr Patrunki (Vater), Verena Meier (Erzieherin v. Marius), Katja Wohlleben (Leitung)

Datum 28.6.2017 **Termin letztes Entwicklungsgespräch** 12.12.2016

Folgende Punkte sollen besprochen werden

1. Entwicklung und Befinden v. Marius zu Hause
2. Fortschritte/Entwicklung seit dem letzten Gespräch (Portfolio)
3. Aktuelle Ereignisse/Bedürfnisse v. Marius: Übergang zur Vorschulzeit

Protokoll 1. Geht gerne in die Kita, hat oft Besuch von Freunden aus der Kita, übernachtet auch bei ihnen. Insgesamt sehr ausgeglichen, fröhlich, positive Stimmung

2. Sprachliche Entwicklung: Ist sehr weit vorangeschritten (s. Lerngeschichte „Meine Geschichte"), kann sich sicher artikulieren und sich in Gesprächen durchsetzen. Seine Stärke: großartige Fantasie!
Motorische Entwicklung: Hat nun viel mehr Spaß an Bewegung, macht immer mit und bewegt sich viel u. selbstständig (v.a. draußen)
Gesamt: Marius wirkt fröhlich und hat reges Interesse an s. Umwelt

3. Spricht viel davon, dass er nächstes Jahr Vorschulkind sein wird. Interesse an den Aktivitäten der Vorschulgruppe.

Folgende Ziele/Schritte haben wir vereinbart In Kita und Zuhause: Seine Interessen im naturwissenschaftlichen Bereich und für Geschichten weiter unterstützen. Schulinteresse fördern und beobachten.

Weitere Anmerkungen

Den nächsten Gesprächstermin machen wir beim kommenden Elternabend aus.

Nächster Gesprächstermin s.o.

Unterschrift der Erziehungsberechtigten Patrunki M. Patrunki

Unterschrift der Protokollantin K. Wohlleben

ISBN 978-3-8346-3677-5 | www.verlagruhr.de

Protokoll: Entwicklungsgespräch

Name des Kindes

Anwesende

Datum **Termin letztes Entwicklungsgespräch**

Folgende Punkte sollen besprochen werden

Protokoll

Folgende Ziele/Schritte haben wir vereinbart

Weitere Anmerkungen

Nächster Gesprächstermin

Unterschrift der Erziehungsberechtigten

Unterschrift der Protokollantin

ISBN 978-3-8346-3677-5 | **www.verlagruhr.de**

Name des Kindes Lotta

Datum 10.03.2017

Ich bin Elvira, deine Mama und 35 Jahre alt.

Ich mag an dir besonders … dass du nie den Mut verlierst

Besonders gerne mache ich mit dir …

zusammen mit unserer Katze kuscheln und Bücher anschauen.

Schon immer findest du unsere Katze faszinierend, aber du hast große Angst, obwohl du mit ihr groß geworden bist. Das erste Mal habe ich dich am Wochenende so vertraut mit ihr erlebt. Du hast dich sogar getraut sie zu streicheln.

ISBN 978-3-8346-3677-5 | www.verlagruhr.de

Mit den Eltern für die Kinder 67

Meine Seite für dich

Name des Kindes **Datum**

Ich bin und Jahre alt.

Ich mag an dir besonders ...

Besonders gerne mache ich mit dir ...

ISBN 978-3-8346-3677-5 | www.verlagruhr.de

Ein besonderer Tag

Ein besonderer Tag

Name des Kindes Lotta **Datum** 24.10.17

Am Samstag **haben wir** einen Ausflug zum Forstenrieder Park gemacht. Dort sind wir zwei Stunden lang spazieren gegangen.
Wir haben sogar Wildschweine gesehen und beobachtet, wie sie nach Futter gesucht haben.

Das hat mir mit dir besonders viel Spaß gemacht

Du warst die ganze Zeit fröhlich und hast dir alles genau angesehen. Wir haben zusammen ganz besondere Stöcke gefunden und du hast sogar Pilze entdeckt. Wir haben viel gelacht an diesem Tag!

Am Rückweg habe ich dich dann ein Stück auf meinen Schultern getragen und du hast mir erzählt, wie die Welt von da oben aussieht.

Ich freue mich schon auf unseren nächsten Ausflug!

ISBN 978-3-8346-3677-5 | www.verlagruhr.de

Ein besonderer Tag

Name des Kindes **Datum**

Am **haben wir**

Das hat mir mit dir besonders viel Spaß gemacht

ISBN 978-3-8346-3677-5 | **www.verlagruhr.de**

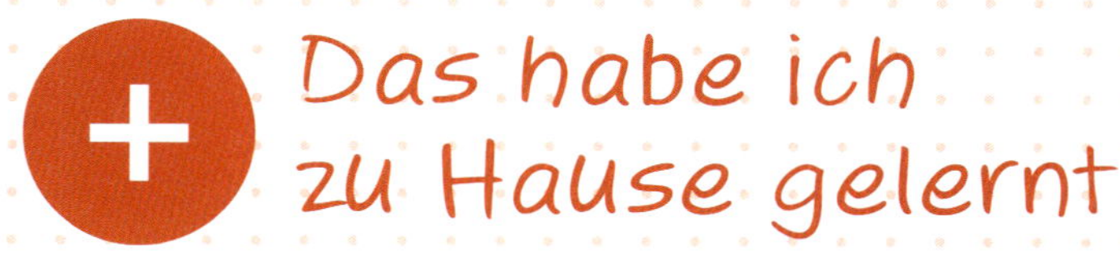

Das habe ich zu Hause gelernt

Name des Kindes Lola **Datum** 12.06.17

Das habe ich gemacht

Ich habe mir alleine ein Brötchen geschmiert.

Dabei habe ich gelernt

Ich muss das Messer festhalten. Und ich muss es aber auch bewegen, damit ich schmieren kann. Wenn ich das Brötchen mit der anderen Hand festhalte, klappt es besser. Ich nehme zuerst wenig Frischkäse und dann nochmal.

Dabei geholfen hat mir/Gezeigt hat es mir

Ich habe es ganz alleine gemacht. Aber ich habe meiner Mama und meinem Papa schon oft zugeschaut. Dann habe ich es immer wieder ausprobiert. Jetzt kann ich es!

ISBN 978-3-8346-3677-5 | www.verlagruhr.de

Das habe ich zu Hause gelernt

Name des Kindes **Datum**

Das habe ich gemacht

Dabei habe ich gelernt

Dabei geholfen hat mir/Gezeigt hat es mir

ISBN 978-3-8346-3677-5 | **www.verlagruhr.de**

Anhang

Über die Autorin

Yvonne Wagner lebt in der Nähe des Starnberger Sees. Nach ihrer Ausbildung zur Erzieherin arbeitete sie in mehreren Kitas und Horten. Seit 2007 schreibt und lektoriert sie Fachbücher für Erzieherinnen.
Wenn Sie mehr über die Autorin erfahren oder mit ihr in Kontakt treten möchten, können Sie das auf ihrer Webseite: **www.y-wagner.de**

Literaturtipps

Haas, Sibylle:
Das Lernen feiern.
Lerngeschichten aus Neuseeland.
Verlag das netz, 2012.
ISBN 978-3-86892-044-4

Leu, Hans Rudolf u. a.:
Bildungs- und Lerngeschichten.
Bildungsprozesse in früher Kindheit beobachten, dokumentieren und unterstützen. (2. Auflage)
Verlag das netz, 2007.
ISBN 978-3-937785-67-7

Viernickel, Susanne (Hrsg.):
Früheste Beobachtung und Dokumentation.
Bildungsarbeit mit Kleinstkindern.
Bildungsverlag Eins, 2009.
ISBN 978-3-86723-915-8

Wagner, Yvonne:
Bildungs- und Lerngeschichten schreiben leicht gemacht.
Schritt für Schritt-Anleitungen, Beispielvorlagen, Formulierungshilfen und Kreativübungen.
Verlag an der Ruhr, 2013.
ISBN 978-3-8346-2414-7

Bildnachweise